人文社科
高校学术研究论著丛刊

新时期教师专业发展模式探索与实践

王国栋 著

中国书籍出版社
China Book Press

图书在版编目(CIP)数据

新时期教师专业发展模式探索与实践 / 王国栋著 . -- 北京：中国书籍出版社, 2022.10
ISBN 978-7-5068-9248-3

Ⅰ.①新… Ⅱ.①王… Ⅲ.①师资培养-研究 Ⅳ.①G451.2

中国版本图书馆 CIP 数据核字（2022）第 209906 号

新时期教师专业发展模式探索与实践

王国栋 著

丛书策划	谭 鹏 武 斌
责任编辑	吴化强
责任印制	孙马飞 马 芝
封面设计	东方美迪
出版发行	中国书籍出版社
地 址	北京市丰台区三路居路 97 号（邮编：100073）
电 话	（010）52257143（总编室） （010）52257140（发行部）
电子邮箱	eo@chinabp.com.cn
经 销	全国新华书店
印 厂	三河市德贤弘印务有限公司
开 本	710 毫米 × 1000 毫米 1/16
字 数	202 千字
印 张	9.75
版 次	2023 年 3 月第 1 版
印 次	2023 年 7 月第 2 次印刷
书 号	ISBN 978-7-5068-9248-3
定 价	78.00 元

版权所有　翻印必究

目 录

第一章　对教师职业的基本认知 …………………………………… 1
　　第一节　教师职业的内涵及形成历史 ………………………… 2
　　第二节　教师职业的劳动特点与职业角色 …………………… 4
　　第三节　教师职业专业化的内涵与意义 ……………………… 7

第二章　教师专业发展的理论解析 …………………………………… 17
　　第一节　教师专业发展的概念与特点 ………………………… 18
　　第二节　教师专业发展的基本理念 …………………………… 21
　　第三节　教师专业发展的取向及影响要素分析 ……………… 23

第三章　教师专业发展的路径：教师教育 …………………………… 30
　　第一节　"师范教育"与"教师教育"的术语分析 ………… 31
　　第二节　我国教师教育的发展概况 …………………………… 34
　　第三节　教师教育发展的理论依据 …………………………… 37
　　第四节　教师教育课程体系的构建 …………………………… 48

第四章　教师专业发展的模式：职前职后教育 ……………………… 56
　　第一节　职前培养：探究教师职前教育 ……………………… 57
　　第二节　入职训练：完善教师入职教育 ……………………… 75
　　第三节　职后培养：发展教师职后教育 ……………………… 86

第五章　教师专业发展的实践：反思与合作 ………………………… 97
　　第一节　以学校为本位：积极展开校本培训 ………………… 98
　　第二节　在反思中成长：注重教学反思 ……………………… 104
　　第三节　在合作中发展：构建教师学习共同体 ……………… 108

第四节 在研究中发展：加强行动研究……………… 114

第六章 教师专业发展的促进机制：教师评价……… 118

第一节 教师评价与教师专业发展……………………… 119
第二节 教师发展性评价的实施程序…………………… 120
第三节 教师发展性评价的具体方式…………………… 122
第四节 信息化背景下教师评价的创新手段——电子档案袋… 131

参考文献……………………………………………………… 133

第一章

对教师职业的基本认知

> 教师这一职业不管是在国内还是国外,都有悠久的发展历史。在长期的发展过程中,人们对教师职业进行了不断的研究,并对这一职业有了一个全方位的了解与认知。本章主要介绍教师职业的基本概念与内涵,从而为下文的展开做好铺垫。

第一节 教师职业的内涵及形成历史

一、教师职业的内涵

职业是个人在社会中所长期从事的工作。职业最基本的特点就是谋生的方式。职业的含义远不止于此,其概念的产生,是社会劳动分化的结果。职业是特定的人去做特定的事,对所做的这件事情负责。职业除了是谋生的手段外,还有专人专事专责的含义。

教师是一种特殊的职业,是教师通过自己的专业知识和技能履行教育教学职责,维护学生的利益,使学生成为成长发展过程中的一种专业职业人才。教师的社会地位和文明程度有着非常密切的关系,与自身的专业知识和技能以及教学能力也有着直接联系。在我国《教育法》中对教师职业进行了法律界定,教师要具备规定的学历要求,具有相应的知识结构,符合与职业相称的相关规定。教师职业的职责就是教育教学,和其他人员不同,如行政管理人员、教学辅助人员等。他们没有从事教学工作,没有履行教学职责,就不能成为教师。

二、教师职业的形成历史

(一)教师职业的产生

1. 人类教育活动的产生促进了教师的出现

古代人类为了在"自然环境"中生存和发展,不断认识和改造自然,并用勤劳的双手与聪慧的大脑去生产物质生活资料。

中国古代的学校经历不断地发展后,虽然也有传授射箭、剑术等技能方面的教育者,有传统武艺、军事的传授者,但都不是专职的教师。但不可否认的是,人类早期和教育的出现为教师职业的产生奠定了重要基础。

2. 社会生产力的发展促进了教师职业的产生

随着社会生产力的不断发展,人们的生产经验和生活经验越来越丰富,各行各业的专业化程度也越来越高,由此也促进了专业化知识体系的逐渐形成,出现了如天文、地理、算术、历史、医学和教育等专业。

(二)教师职业的发展

1. 在数量与质量方面的发展

随着我国教育体制的深入改革,对教师工作者提出了较高的要求,教师队伍的建设既要满足数量上的需求,同时也要在质量上有所提高。教师既要有良好的知识结构和较高学历,同时还要有胜任教育教学工作的能力。进入21世纪以来,我国全面提高教师队伍的规格标准,在现实办学条件下逐步扩大培养规模,提高办学质量,培养高层次、高学历的教师队伍。但从我国中小学教学的发展现状来看,教师还存在数量少、业务能力水平不高、综合素质水平较低的问题,尚不能满足教学改革的需要和社会发展的需要。

2. 在技能与能力方面的发展

21世纪,促进学生身体健康、增强学生体质的教学观念越来越受学校教育工作者的重视,教师的技能也随之发生变化,从过去重传授运动技艺转向重学生的身体锻炼。教师的技能和能力随着社会经济、政治、教育等方面的发展而不断提升,教师的知识、技能与能力结构也不断发生变化。随着教师社会角色的变化、教育专业化的要求以及知识的海量增长,必须重视提高教师的综合素质,提高教师队伍的整体水平,从而推动我国教育事业的发展。[1]

---

[1] 朱峰,宁雷.21世纪教师[M].沈阳:东北大学出版社,2009.

第二节　教师职业的劳动特点与职业角色

一、教师职业的劳动特点

（一）复杂性

教师的劳动非常复杂,这是由教育过程、教学对象这些复杂的因素所决定的。教学过程中又包含教学内容、教学方法等要素。因此说教师劳动的复杂性是由各个教学因素所决定的。

第一,教师面向人(学生)开展工作,人是复杂的生物,有思想、有个性、有感情、有主见,不同学生表现出不同的一面,多样化的教学对象增加了教师劳动的复杂性。

第二,在教育活动中,教师可采取多种多样的方式与途径来积极教育和影响学生,这些教育方式本身就是复杂的,从而使得教师的劳动也是复杂多变的。

第三,教学内容本身所具有的专业性对教师教学的技巧与能力提出了较高的要求,也增加了教师劳动的难度。

（二）繁重性

现代社会发展对教师职业提出了非常高的要求,教师因而面临着艰巨的教学任务,从而决定了教师劳动的繁重性。现代教育改革要求教师要培养德、智、体、美、劳等多方面素质全面与协调发展的人才,教师既要向学生传授课本知识,培养学生的文化知识素养,又要培养学生的思想品德,关注学生的健康;既要在课堂上传授知识与技能,又要在课余时间组织课外活动并带领学生参与;既要对学生的校园学习与生活给予全方位指导,又要对学生的校外生活与交往予以关心和引导。可见教师的任务多么艰巨,教师必须付出大量的时间、精力和心血才能完成好这些任务。

（三）高度责任性

教师劳动具有高度责任性，表现如下。

第一，教育事业是面向未来的宏伟的创造性事业，国家的可持续发展直接受教育水平与质量的影响，因此政府和人民都对伟大的教育工作者寄予了厚望。

第二，教师从事育人工作，肩负培养优秀人才的重任，教师劳动的质量与学生的前途息息相关，所以学生与广大家长对教书育人的从业者有很高的期望。

教师身上背负的重任和使命使教师产生了高度的责任感，当然也增加了教师的心理负担。

（四）长期性和连续性

人的身心发展规律与特点以及教育的规律性决定了教师劳动的长期性和连续性，下面具体展开分析。

第一，人的成长是伴随人一生的，人不可能短期内就实现各方面的成长与发展，这是由人的身心发展特点所决定的。不管是掌握知识，树立观念，还是培养习惯，都需要长期的努力和反复的实践。因此教师的劳动是长期的，教师要在长期的教学生涯中对学生的综合素质进行培养。教师的劳动必须是持之以恒的，只要在岗一日，就不能间断，不能松懈，更不能脱离工作。教师要有长期的教学计划和方案，要按照计划有序开展教学工作。

第二，我们在长期的教育教学实践中总结出了重要的教育规律与教育原则，其中典型的"循序渐进"教学规律与原则充分反映了教师劳动的长期连续性。

（五）感染性和示范性

教师在工作中要将自己的各种特性发挥出来，将此作为手段去影响学生，感染学生，从而使学生的身心、智力等发生积极的变化。这是教师劳动与其他劳动不同的地方。从教师劳动的这一特殊性来看,教师既是劳动者,也是劳动手段。教师应该是有知识、有技能的劳动者,否则其不可能利用自身特性这个手段去影响学生,使学生发生预期的变化。集劳动实施者及劳动手段于一体的教师对教学质量和效果有决定性影响,因此教师必须提升自己的专业业务能力和各方面的综合能力,要充分发挥自己的"工具"价值,取得良好的育人效果。

教师劳动具有示范性,教师培养学生的思想品德,向学生传授知识和技能,首先自己要有良好的道德品质,要掌握丰富的知识和熟练的技能,这样才能给学生做出很好的示范。思想品德、知识、技能不仅是对学生的要求,也是对教师的要求,是教师应该具备的特质。青少年学生善于观察和模仿,会受到教师世界观、行为方式、言谈举止等各方面的潜在影响。所以教师要给学生树立一个良好的榜样,要给学生做出正确的示范,要用具有感染力的教学去积极影响学生。

（六）创造性

教师的劳动同样具有创造性。苏联著名教育家马卡连柯说过:"教育学是最辩证的、最灵活的一种科学,也是最复杂、最多样化的一种科学。"[①] 教师劳动的创造性表现如下。

第一,教师在教书育人的过程中不停探索学生的内心世界,总结学生的成长成才规律,并根据学生的个体差异因材施教,创造适合不同学生的教育方法,促进全体学生的进步与发展。

第二,学生的成长成才及全面健康发展受到校内外、主客体等多方面因素的影响,教师在教育工作中要善于将积极的影响因素利用起来去培养学生,同时也要巧妙消除不利因素的影响。教师对各种影响因素的运用讲究"巧"和"新",不能用一套固定方式去不加选择地利用所有因素,而要在综合判断、准确预测的基础上对各要素进行巧妙利用,并不断创造新颖的教育环境来积极影响学生,这对教师的创造劳动能力是一个很大的考验。

---

① 赵顺来,车锦华.体育教师学[M].北京:中国科学文化出版社,2003.

二、教师的职业角色

（一）知识传播者

教师应成为学生掌握知识技能的真正引导者，转变教学观念，启发学生探索真理、主动学习，培养学生良好的自主学习习惯。教师应熟悉教材，不断获取教育知识信息，整合信息而制作电子课件，供学生学习之用。教师应通过计算机及网络技术发布自己的研究成果和开展各种讨论、交谈或咨询等活动，活跃教学气氛。

（二）科研者

锻炼是科学的，又是严密的，先进的教学媒体部分替代了教师传播知识的传统途径，教师的教学形式也发生了变化。这种变化来自教师的科学实践与科学研究，通过研究创造出各种教学方法，使教学变得更有效。教师开展创造性教学活动依靠的就是科研意识和科研能力。在信息化社会，教师要更好地发挥创造力，更好地为教学服务。教师要成为科研型人才，不断适应未来的教育。[1]

第三节 教师职业专业化的内涵与意义

一、教师职业专业化的内涵

"专业"的字面意思就是专门从事某种学业或职业；从社会学角度看，专业就是受过专业教育或训练，具备高度的专门知识和技能，按照一定专业标准进行专门化的处理活动，有别于其他普通的职业，解决人生和社会问题，促进社会发展，获得相应报酬待遇和社会地位的专门职

---

[1] 曲宗湖．教师的素质与基本功[M]．北京：人民出版社，2002．

业。专业是一种社会分工、职业分化的结果,社会分化的一种表现形式,人类认识自然和社会发展达到一定程度后就会出现专业。

教师所从事的教育教学工作对从业者的要求比较高,具有独特的专门知识、技能和修养,教育教学活动是比较复杂的一项培养人发展的职业,要求从业者要具备比一般人更加丰富的、全面的、多样的学科知识,作为提供教育教学的原材料,同时还要掌握普通大众不需要或者不用系统了解的教育教学知识、技能和教育教学规律。

教师专业需要教师能够认识学习规律、社会发展的规律,掌握各种主客观教育教学条件的知识,利用知识和规律编写教学内容,组织教育教学活动的技能。如果不具备这些知识和技能,很难胜任教师的工作。

二、教师职业专业化的意义

教师职业专业化的社会现实意义如下所述。

（一）提高教师的专业知识与专业技能

在当代社会中,由于高等教育课程和教育教学知识的大幅度扩充,在教育教学改革的过程中,教师不但要对社会和时代的变迁作出相应的调整,同时也要面对因知识的迅速增长而带来的一系列问题。在这种情况下,教师就必须不断地充实自己的专业知识,提高自身的专业能力。

总而言之,教师必须对与日俱增的专业知识进行必要的了解和应用,以确保教育教学工作的顺利进行以及高等教育的高质量发展。

（二）满足教师自我革新的需求

在当前阶段下,教师就职以前一般都会进行一定的职前培训。但是,由于知识的日新月异,社会的急剧变化,科技的迅速发展,社会对高校青年教师的角色有了更多、更新的期待和要求。因此,职前教育难以满足高校青年教师所有的工作需要,教师必须不断地进步,提高自身的专业发展水平,才能更好地适应社会对其提出的各项新要求。

总的来说,当代教师已经从知识的"传授者"转变为知识的"开发者""研究者",教师专业发展正可以满足教师职业生涯发展的客观需求。

(三)提升教师的教育品质

我国要发展高质量的高等教育事业,就必须要实现教师专业发展,这是发展优质高等教育的一条重要途径。教师通过自身的专业发展,可以提高专业能力,进而实现教师专业化。

客观来说,教师专业发展的一个主要目的就是要强化高校青年教师的发展与更新,进而借助教师教育品质的提升增进学生的知识与技能,促进学生的学业发展。由此可见,教师的专业发展对于我国发展高等教育事业有着重要的促进意义。

三、教师职业专业化的深度解析

(一)教师职业专业化发展的内容

1. 教师的专业道德发展内容

教师专业道德包含着对教师各项标准的要求,是教师各种素质的综合表现,是教师专业发展的内在要求。相对于教师的职业道德来说,教师的专业道德更强调专业性与主体性。

(1)专业精神

教师在教育教学活动中的价值取向和追求即为其专业精神。教师的专业精神直接影响着自身的行为及其结果。为此,它要求教师具备高度的教育责任感,将教育作为自己神圣的职责;精益求精的工作态度;甘为人梯的服务精神;清晰有效的反思意识,不断实现自我超越;拥有坚定不移的专业信念。

(2)道德品质

这主要包括以下几个方面:第一,爱岗敬业,奉献社会;第二,热爱学生,教书育人;第三,求知创新,严谨治学;第四,团结协作,关心集体;第五,以身作则,为人师表。

(3)专业自律

教师要表现出一定的"角色敬畏"。教师的角色意味着其所承担的道德责任和义务,而通过"角色敬畏",使教师在教育教学活动中"有所为有所不为",体现道德责任感和道德使命感。教师的专业自律还要求其体现一定的"教育良心",使高校教师对自己的教育教学行为进行自主控制与调节。

2. 教师专业知识发展的内容

教师专业知识结构既包括教师公共性的知识,也包括教师个体的知识,是带有若干鲜明特点的个体性知识和公共性知识的有机统一体。

教师的专业知识发展内容,第一包括扎实的政治理论知识。马克思主义基本理论知识是教师知识素质的首要内容,第二包括精深的学科专业知识。好的教师必须具有精深的专业知识,只有这样,才能准确、系统、有效地把知识传递给学生。第三是广博的相关学科知识。学校及其所从事的一切活动赖以确立的基础,就是每个教师的多样化的知识、丰富的智力活动、宽阔的眼界和在学识上的不断提高。第四是系统的教育科学知识。这不仅有利于教师获得教育教学的成功,还有利于教师不断完善自身的道德修养,增强职业之躯和信心,提高自身的情绪和心理状态,实现自身的不断向前发展。第五是丰富的管理科学知识。教师是班级的直接管理者。班级管理的好坏与国家教育方针、学校教育计划、培养目标等的实施情况有着密切联系。为此,教师要不断丰富自己的管理知识,加强班级管理的科学性和主动性,提高管理的质量和效率。

另外,教师应该不断积累自身的实践性知识,重视教育经验反思,培养教育情境敏感性,倡导教育叙事研究,关切教育情感体验。只有这样,教师才能全身心地投入到教育教学中,不断实现自身的发展和提高。

3. 教师专业能力发展的内容

教师专业能力发展指的是教师在专业实践中,以教学能力培养为内容,以专业能力发展为起点,经过专业意识及生成能力和专业调试能力的积累,从而使新专业能力结构不断生成、扩张和发展的螺旋式提升过程。为此,教师要不断提高自己的专业教学能力和专业实践能力,实现以下方面的发展。

第一,具备敏锐细致的观察力。通过观察更好地把握学生的心态,对学生做出更加客观的判断,从而能够进行有针对性的教学。

第二,准确清晰的记忆力。不仅对有关教育教学的知识有良好的记忆,对全班学生的各种情况也要有准确的记忆。

第三,具备多方位立体思维能力。对事物能够进行客观的分析、综合、抽象和概括,提高自身思维的独立性、广阔性、准确性和创造性等,以全方位、多层次、多渠道地对学生进行教育。

第四,具有较强的组织管理能力。以负责全面组织管理教育班级学生的任务,具备民主、高效、开放的工作作风,促进学生特长和个性的发展,培养学生的主体性意识。

第五,具备一定的语言表达能力。教师只有具备良好的语言表达能力,讲究说话的逻辑性、规范性和情感性等,才能对学生进行思想品德教育和行为教育。

第六,具备一定的自我调控能力。教师要使自身保持良好的情绪心理状态,用理智支配自己的情感,做到语言、行为合情理、有分寸。

第七,具备灵活应变的教育机制。教师在教育过程中遇到突如其来的偶发情况,要能够正确、迅速、敏捷地进行判断和恰当处理,从而取得良好的教育效果。

第八,具备一定的交往协调能力。教师要做好与学校、家长和学生的协同工作,将课堂教学内外与校内外教育影响的方向和步调保持一致。

第九,具备一定的教育科研能力。这是教师的必备能力素质之一。教师要在教育管理工作中有意识地开展调查研究,总结、积累教学经验和资料,进行教育管理实验探索,坚持进行教育科研,以提高自己的科研能力。

第十,具备较强的创造能力。教师在借鉴前人发展先进经验的基础上,大胆进行工作方法改进,从中发现新的规律、新的观点和具有创造性的教育教学方法。

4. 教师专业心理发展的内容

教师专业心理指的是教师在教育教学实践中生成和积淀的,与学生身心发展状况有密切关系的,影响教育教学效果的心理素质的有机统一体。优秀的心理素质,有利于教师调动和发挥自身的积极性,激发学生的主观能动性,以取得良好的教育教学效果。为此,高校青年教师要促进自身以下几方面专业心理的发展。

第一,发展自身的专业心理素质,包括良好的职业道德心理素质、教学心理素质、辅导心理素质。

第二,发展自身的人格心理素质,包括端正自身的需要与动机,培养良好的性格,提高自我调控能力等。

第三,发展自身的文化心理素质,要善于运用一定的方法和策略学习新知识和新技能,通过学习提高自身的实践创新能力。教师还要努力提高自身的文化素质,完善自身的个性和人格心理品质。

第四,发展自身的社会心理素质,认识到自身角色的多样性,学习掌握各种社会角色期待和角色情境判断,提高扮演多重角色的社会心理素质;建立良好的人际关系,具备良好的交往心理素质;提高自身在教育教学活动中的计划、决策、组织、指挥、监督、调控等方面的素质与能力。

5. 教师专业人格发展的内容

一个人的人格能够很客观地反映出其整体心理面貌。教师的人格形象能够体现出教师在教育教学活动中的整体心理面貌和心理特征。具体来说,教师的专业人格包括教师对学生的态度以及教师自身的气质、兴趣等方面。教师要实现其自身的专业发展,就应该形成教师的专业人格,为专业的发展奠定良好的心理基础。

19世纪的俄国教育家乌申斯基认为,在教育事业中,教学工作应该以教师的人格为根据,任何规章制度、任何机构设施,无论其设计和安排如何完善,都不可能代替教师人格形象。只有通过教师的专业人格才能获得教育的力量源泉。

苏联著名教育家苏霍姆林斯基认为,从本质上来说,教育教学过程就是师生之间在心智和情感方面的沟通和交流过程。教育是人与人心灵上最微妙的相互接触。学生会因为教师的人格形象来对教师进行判断。

理想教师的人格应该符合善于理解学生、和蔼可亲、真诚质朴、开朗乐观、公平正直、宽容大度、兴趣广泛、意志力强、诙谐幽默等方面的要求。高校青年教师专业人格的建构,是在教育教学过程中逐步形成的。教师在长期的教育实践中,通过对教育、对学生、对自我的深切感悟理解,对职业道德和教育理想自觉追求的内化,可以使自身的教师专业人格逐步达到成熟。

6. 教师专业思想发展的内容

从客观角度来说,专业思想是判定一个人是否属于一个专业人员的重要依据,也是现代教师与以往教师相区别的显著标志。所谓教师的专业思想,就是指教师在理解教育相关知识的基础上所形成的教育教学思想。教师在教育教学工作中,要做到以专业思想作为行动的世界观与方法论。教师的专业思想为其专业发展提供了理性支点和精神内核,对于教师成长为一个教育教学专业工作者有着重要的影响。

客观来说,教育专业思想是动态发展、不断演变的。因此,每一位教师都必须不断地总结教育教学实践,以此形成符合自身发展特点的、体现个人风格的教育专业理念、专业思想。在不断发展变化的现代社会中,教师应该树立终身学习的观念,促进自身专业思想与时代的发展要求相接轨。

(二)教师职业专业化发展的途径

要实现高校的不断发展,需要不断促进教师专业的发展。在这一过程中,要将理论研究与相关科学实验以及教师的先进经验有机结合,开辟多样化的教师专业发展途径。在此,我们将围绕教师专业发展的途径展开论述。

1. 实施以人为本的教师管理

(1)加强教师的自我管理

教师不仅仅是被管理者,在学校管理中处于被动局面,还应该成为管理的主体参与管理,实施自我管理,践行"以人为本"。为此,高校青年教师要加强与管理者之间的沟通与理解,不断拓展双方交往、沟通的渠道。通过双方的亲密合作,弥补各自的不足,使双方学会换位思考,取得管理的最佳效果,促进各自的发展。

另外,教师要以促进自我发展为目标,不断进行自我控制。教师要认识到自身的能力水平、权利和义务,严格要求自己,在教育教学工作实践中不断克服困难、解决问题,促进自身专业的不断发展。

(2)转变落后的管理方法

高校的管理者,要不断提高自己的素质和人格魅力,处理好高校内部的人际关系。管理者要学会换位思考,不仅要考虑学校的发展任务和发展方向,还要考虑教师接受学校任务时的心态、压力等。管理者通过换位思考,避免简单粗暴地对教师进行管理,要满足教师的某些需要,从而使教师能够积极主动地去完成各项教育任务,实现自身专业的发展。

同时,管理者要与教师形成互相尊重与信任的关系,以调动教师的积极性,营造一个相互尊重、信任的管理氛围。教师在工作中非常关心自己所发挥的价值,为此高校管理者要充分考虑每一位教师的成就需要,提供有利于教师展露自己的机会和平台,大胆培养、提拔青年教师,改善教师的工作条件;通过科学有效的管理,针对教师的个性特征和独特的心理特点、知识结构,使每位教师都能得到充分发展。

(3)建立科学的教师管理规章制度

在制定高校教师管理的规章制度时,要积极鼓励教师的参与;在执行这些规章制度的时候,要充分考虑到教师的特殊性。这样可以提高教师工作或科研的积极主动性和激发其创造性。

2. 实施校本教师培训

校本教师培训是在教育专家指导下,由学校和教师发起组织的、围绕着学校教育教学发展、改革中所遇到的各种实际问题,利用一切可以利用的教育资源,促进教师教、学、研的统一,从而实现教师专业发展的培训模式。

(1)强调教师自主学习

教师专业发展实质上是其进行自我定向、自主学习、自主发展的动态过程。因此,要实现教师自身专业的发展,需要促进其形成实现自身专业发展的自觉意识。在进行校本培训的时候,要尊重教师的自主性理念,促进教师自主发展,并为教师的自主发展提供有利的资源、条件和引导。

(2)加强教师间的互助合作

在校本培训中,改变了传统培训中培训者高高在上、受训者被动接受培训的局面。校本培训建立在对校内培训资源的充分利用的基础上,而且每位教师都有自身独特而又宝贵的教学经验。为此,通过搭建教师间合作互助的平台,促进教师间交流、分享教育教学经验,整合和重建各自的经验背景,促进自身专业的发展。

(3)重视同行专家的指引作用

虽然校本教师培训的核心理念在于倡导自主学习、推动合作互助,但是专家的支持和引导,又具有重要作用。为此,要大力倡导以老带新的"导师制",对新教师实行"一帮一"的指导活动,从而极大地促进教师专业发展。重视专家的引领作用,还应该重视发挥专家的"教学督导"作用,对上起到"参谋""反馈"的作用,对下进行"监督""指导"。

（4）注重组织制度保障机制建设

高校应该积极建立"教学发展中心",对教育资源进行整合,为教师提供教学支持,提升教师的教学质量,推动校本教师培训的开展;将有关教育教学、教师培训的标准、要求等规范化、制度化,对教师专业自我发展进行严格管理等,实现其专业成长。

3. 实施发展性教师评价

（1）体现教师评价的学术标准

要实现这一要求,应该做到以下几点。第一,学校应该着力构建具有学术性的发展性教师评价制度。建立发展性评价制度,将发展性教师评价纳入制度建设的轨道;重视评价过程的民主化,强调学术自由,避免过多的约束。第二,建立科学有效的奖惩评价机制。发展性教师评价与奖惩性教师评价应该相互结合,更好地促进教师专业发展。第三,构建职责分明的三级评价体系。

（2）建立适应性教师评价指标体系

教育教学活动的复杂性和评价参与者的复杂性,决定了教师评价标准指标体系的多层次、多维度和灵活性。为此,在对教师进行发展性评价时,重视评价者与被评价者之间的对话,在协商的基础上达成一定的共识,重视评价指标的构建性意义,从而使评价的结果更具有客观性,使被评价者获得正确的反馈信息,实现自身的不断改进和完善。

（3）提供必要的评价物质基础

高校发展性教师评价的制度、组织机构、规章制度、人才队伍、评价标准等的制定和实施,需要投入一定的时间和人力、物力,并且工作具有长期性。为保证评价工作的顺利进行,需要在教育教学经费划拨中纳入这一内容。

4. 实施教育行动研究

所谓教育行动研究,就是教育工作者,或与研究者结合,在具体教育教学情境中,以解决教育教学实际问题为目的的一种教育科学研究类型。教育行动研究强调教师的主体地位和教育教学实践的理性化,强调教师与教育理论工作的结合。教师专业自主发展最重要的一条途径在于"使教师成为研究者",开展教育行动研究,无疑能够大大提高教师的理论述评和实践能力,提高教师的科研能力。在开展相关的教育行动研究中,应该注意以下几个方面。

(1)健全行动研究的外部机制

建立良好的高校管理制度和评价制度等外部机制,能够有效调动教师进行教育行动研究的积极性和主动性。为此,学校要认同、尊重和理解教师的专业地位和主体地位,给予教师一定的自主权,使教师真正成为高校的主人。另外,还应该为教师提供理想的职业环境,发挥教师自身的专业潜能和创新能力。高校激励教师开展教育行动研究,要重视为教师提供制度保障。

(2)提供相关的研究资源

教师通过进行教育行动研究进行学习、促进自身专业发展过程中,必然会受到一系列主客观因素的限制。此时,需要加强科学管理,发挥自身在人力、物力、财力、时间、空间和信息等方面的作用,以不断培养高素质的研究型教师队伍。学校要为教师创造实现其知识更新的有效途径和有利平台,使教师能够在一个宽松、民主的研究氛围中,围绕着日常教育教学问题进行教育行动研究,不断实现自身专业的发展。

第二章

教师专业发展的理论解析

> 教师专业发展的意义是重大的。在社会的改革与发展过程中,教师的作用不容忽视。只有教师自身的专业水平得到提升,才能培育好社会所需要的各方面人才。教师专业水平的提升离不开教师专业发展的实践。本章主要分析教师专业发展的理论知识。

第一节 教师专业发展的概念与特点

一、教师专业发展的概念

如要获得对教师专业发展的本质认识,则需要厘清教师专业发展与教师专业化、教师专业素养的结构,教师专业发展的主动性等基础性问题。

第一,教师专业发展与教师专业化。教师是一门古老的社会职业,但职业不能等同于专业,因教师职业的特殊性等因素的影响,其专业性地位在长时受到多方质疑或争议。由此,20 世纪 60 年代开始,在要求大力提升教师素养的背景下,欧美国家兴起了争取教师专业地位及相应权力和教师专业能力的教师专业化运动,但在运动中由于片面追求教师群体的专业地位及权力却忽视了教师个体关键的教育实践能力的发展,从而导致活动到 20 世纪 80 年代前,并未取得实质性进展。20 世纪 80 年代后,各国在加强教育改革中,充分认识到教师在改革中的关键作用,从而对以前忽视教师个体专业发展的做法进行批评和反思,促使教师专业化的目标重心从专业地位与权力的诉求转移到教师专业发展之上,成为教师专业化的方向和主题。随着促进教师专业发展的各种活动的开展,人们越来越认识到,提升教师专业地位的有效途径是加强教师教育,促进教师专业发展。只有不断提高教师的专业水平,才能使教师成为一种受人尊敬和社会地位较高的职业。总之,教师专业发展来自争取教师职业专业地位运动的经验总结,并成为人们所认可的实现教师职业专业地位的有效途径。由此,在研究中需要注意不能忽视教师专业化这个大前提,来片面强调教师个体的发展。

第二,教师专业素养结构。教师专业发展应朝向哪些内容和目标?如何评价教师专业发展的效果?如要解决这些问题,必须清楚教师专业素养的结构问题。关于教师的专业素养内容,众多学者对其进行了研究,比较具有代表性的有:叶澜的专业理念、知识结构、能力结构;[①]林瑞钦的所教学科的知识(能教)、教育专业知能(会教)、教育专业精神(愿教);[②]曾荣光的专业知识、服务理想;[③]申继亮、辛涛的职业理想、知识水平、教育观念、自我监控能力、教学行为与策略[④]等等。总之,以上研究表明:作为一名优秀的教师应具备多方面的专业素养。其概括起来主要包括三个方面:专业知识、专业技能和专业情意。

第三,教师专业发展的主动性。从已有研究中发现,关于教师专业发展的概念都忽视了教师发展意愿的问题,几乎一致把教师会主动发展作为预设前提。但现实中教师的存在方式是多元化的,主要有"生存型""享受型""发展型"。其中,生存型的教师面对生活的各种压力,是否有强烈的意愿关注自身的专业发展呢?由此,在涉及教师专业发展的概念界定时,需要特别注意教师现实的生存方式与生活环境的前置条件,以调动其发展的主动性。

二、教师专业发展的特点

(一)专业自律:共同发展,专业分享

教师这一职业在专业发展上更容易陷入单打独斗的境地。而青年教师如果缺乏融入专业集体的自律态度,就易于造成其专业发展中缺少互动对话、分享以及反思,其专业发展中经常充斥着无力感、无意义感。教师专业共同体的建设是促进教师专业自律的有效途径,进而在促进其专业发展中发挥作用。

1. 自觉寻求专业发展中的资源共享

教师这一职业的专业发展比其他任何职业更明显的需要是对话和分享。每位教师作为一个独立、独特的个体,都在其独有的学习和工作经历中形成了具有鲜明特色的知识及经验结构。同一门课程的教师,同

[①] 叶澜.新世纪教师素养研究[J].教育研究与实验,1998(1).
[②] 林瑞钦.师范生任教职志理论与实证研究[M].高雄:复文图书出版社,1990.
[③] 曾荣光.教学专业与教师专业化:一个社会学的阐释[J].香港中文大学教育学报,1984(1).
[④] 申继亮,辛涛.教师素质论纲[M].北京:华艺出版社,1999:30.

一个专业研究方向的不同教师,其在教学内容处置、教学方式方法以及科研思路等方面的表现也不尽相同。多样性和差异性本身就是教师专业共同体中一种宝贵的——即使是执教同一学科的教师在教学内容的处理、教学方法的选择、教学情境的创设等许多方面也可以说尽显个人风采。可以说,教师专业共同体中成员的多样性和差异性本身就是一种重要的学习资源。专业共同体系中的资源互补,有利于青年教师完善其专业能力,促进专业反思。一种互信、互相开放式的交互主体性,促进教师之间的交流互助。这对于青年教师来说是宝贵的成长资源。专业共同体的深入发展会对青年教师的专业发展提供良好的资源平台,也会对青年教师的专业发展产生足够的吸引力,进而促进其自觉寻求更多的资源以满足其自身发展需求。

2. 专业知识结构深化和完善

受到建构主义理论的知识观和学习观影响,对话、协商和分享在个体知识学习和经验成长中扮演着极其重要的角色。青年教师能够通过互助式的伙伴关系自觉地寻求支持与引导,深化和完善自己的专业知识结构。

3. 专业知识与经验分享

在教师专业共同体中,青年教师获得了与经验教师和专家型教师进行互动的机会。多种通道和互动方式促进了彼此分享各自的想法、观点和信念进而丰富了青年教师的知识经验体系。教师专业共同体的建立会让青年教师在这种互惠互利的氛围中坚定其专业发展决心。

4. 促进教师进行专业反思

教师专业共同体可以通过对话让各种想法和观点进行自由地交流。对话可以让教师以更全面的视角来审视问题。通过对话,青年教师还可以对自己的观点进行反思,完善理解。教师专业共同体中丰富的对话使教师有机会对个人观点、信念和假设进行反思和修正,在持续的自我更新中形成一种自觉反思式的专业发展。

(二)道德自律：自我反思

教师工作是一种特殊的专业劳动,德国哲学家、心理学家赫尔巴特很早就指出了教育教学活动中的教育性。没有任何一项社会活动能像教学这样和人的道德活动紧密相关。教师的道德自律是指教师能够严格按照职业道德要求,对自身职业形成良好的自我调控,并能自觉履行相应职责。教师的道德自律发起于具有他律特征的各项学校规章制度和社会诉求,形成于自身不断的教学生活中,完善于深入理解教育之后。道德自律一旦形成,就会成为教师自我行为的一种指导原则,影响着教师的教育教学活动和自我道德成长。在专业共同体的建设中应该注意给青年教师提供自我学习、自我锻炼的机会,使青年教师有机会通过与有经验同伴进行经验分享,不断自我反思进而将外在规约内化为自主诉求,构建道德自律。青年教师道德自律的形成有赖于青年教师能否正确地认识自我,以及自我与环境之间的关系;有赖于对自我责任、义务的正确认识;有赖于对自我优缺点、自我修养的正确认识。在专业共同体的框架下,青年教师通过不断地自我反思,以及直接经验和间接经验的获得逐步正确评价、发展自我,形成正确的道德自律。

第二节 教师专业发展的基本理念

我们将教育理念的本质内涵界定为,教师在长期教育教学实践中,经过亲身体验和理性思考形成的有关教育本质、规律、价值等的根本性判断和观点。从教育实践中可知,教育理念的发展、创新,能够让人们站在新的角度审视现阶段的教育现象,重新把握和建构教育体系,从而实现教育教学活动的发展。教育理念的突破和更新,为教育改革的实施提供了先导条件。要实现高等教育的发展需要以先进的教育理念来进行指导。从宏观方面来说,教师应该具备以下教育理念来指引自身专业的发展。

一、终身教育理念

根据法国教育家保罗·郎格朗的观点：终身教育是完全意义上的教育。它包括了教育的所有方面，各项内容，从一个人出生的那一刻起一直到生命终结时为止的不间断的发展，包括了教育各发展阶段各个关头之间的有机联系。概括来说，终身教育是人们从出生到老年为止的一生中接受教育（包括家庭教育、学校教育和社会教育这三个方面）的全过程。

二、素质教育理念

素质教育是指促进学生德、智、体等全面和谐发展，塑造学生良好个性品质的教育。这是一种对人的世界观、人生观、价值观和审美观进行培养的教育。素质教育以人为本，把教育看成是培养人的活动，以促进学生的发展为本，尊重、关心、信任每一位学生。在素质教育过程中，要充分体现管理者、教育者和学生的主体意识。另外，终身教育也属于素质教育的范畴。

三、主体性教育理念

学生作为一个发展中的个体，需要在社会化和个性化的过程中不断展现自身的主体性素质。主体性教育要求将学生培养成能独立自主、积极创造地进行认识和实践的社会主体。主体性教育的核心内容包括以人为本和主体参与（是主体性教育最核心的理念）这两个方面。

四、创新教育理念

创新教育就是学校按一定的培养目标和规格，通过科学有效的教育手段和方法，培养学生创新意识、能力、精神和人格并使其能够适应知识经济需求的创新人才的教育。要注意的是，创新教育具有全体性，它不是精英教育，而要面向全体学生；创新能力的培养和发展，要建立在生理基础和知识基础之上，遵循一定的规律，而不是盲目地进行；创新思想往往需要营造民主、宽松、协调、合作的教育氛围;重视实践,在实践中勇于创新。

第三节 教师专业发展的取向及影响要素分析

一、教师课堂行动的影响因素

(一)观念层面

教师通常不使用一些他们所接受的职业训练来对其教学行为进行解释,而是使用一些深深内隐于其个人经验基础上的理念作为参照。其中包括教师对于教育目的的个人信念、对学习者和学习状态的信念、对教学行为本身的价值期待、对师生关系和角色的判断、自身学习体验等。教师在课堂依据这些内隐的参照体系,于教学的情境中做出反应。然而教师的每一次在其内隐的参照体系指导下的决策、体验,又对其框架体系起到了调整或者强化的作用。由于教师的教学行动非常依赖具体情境,反映了个人的独特经历和对经历的理解,因此一般被认为不具有普遍性。但以一个较长的教师职业生涯的角度来看,特别是在多种因素的影响下,教师这种内隐化的观念系统还是具有一些普遍特征。

教师专业发展中,教师已被认为是具有能动性的行动者。教师与同事分享个人经验、反思、实践、行动的解释、信念、观念等已成为教师专业发展中珍贵的资源。在研究中要特别关注教师对其工作所做出的隐喻性表达,这是内隐于教师行动中,且对其行动方式所做出的较为综合性的概念表达。

教师的观念大多关注教师对学生在课堂学习成就方面的推论性信念(全国十二所重点师范大学,2015)。建构主义认为学习是在特定社会文化背景下通过人际沟通实现意义、知识建构的过程。建构主义的观念系统渗入了教学实践的每一个环节,并对教师的教学工作产生影响,教师的知识观、学习观、课程观、教学观、学生观和教学模式都受到了极大的影响。

关注教师的课堂教学行动，以教师所持有的学习观和教学观为本研究关注的核心，这并不是说其他几个观念方面不在关注范围内，只是这两个方面对研究主体更贴近。建构主义认为学习是个体建构意义形成知识的过程，学习是主动的。因此教学主要是要让学生成为学习的主体，注重情境、互动、协商和反思在指导教学中的重要作用。教学观依托于学习观，教师自身学习过程中的个人学习经验以及他人成功学习经验，都形成了教师对学生学习应然状态的信念，这种信念指导教师在课堂教学中采取行动。

教师对学科本身的观念以及特定知识学习方式的观念对其教学有着明显影响。对于学生学习和教学的信念影响着教师的教学决策、互动方式，甚至是进行教学反思的出发点都受到教师所持有观念的影响，因此对教师观念以及由此形成的稳定的观念系统进行研究，对探索教学行动背后的动因有重要意义。长期以来国内大学英语教学争论的焦点就在于学科本质上，这在所有的语言类教学活动中是一个普遍现象，这种现象与语言自身的特征密不可分。2015年的《大学英语教学指南》中明确了大学英语教学兼具人文性与工具性的双重属性。作为大学通识教育的一个重要组成部分，对大学英语教学中的人文性特征进行研究必然是大学英语教学中的一个重要方面。大学英语教学本身就是一个文化实践的过程，虽然东西方对于优秀文化的表述方式上有所区别，但是核心理念是一致的。

（二）实践层面

美国心理学家克里斯·阿吉里斯（Chris Argyris，2012）在《行动科学》一书中认为"行动理论缘起于这样一个概念：人们是自己行动的设计者。行动者根据自己的目的来建构行动意义，并借此理解所处的环境，这些意义的建构反过来又指导了他们的行动"。克里斯·阿吉里斯的行动理论中认为行动的逻辑假设为："在S情境中，若要达到C结果，便必须执行A行动。"克里斯·阿吉里斯将行动理论分为两类："信奉理论"和"使用理论"。前者指行动者自我秉持并遵循的行动理论，与个体自身所信奉的理念和价值观有关；后者则是指行动者那些由实际行动所积累的经验中所推论出来的理论，这种理论只能通过对行动者的实际行动进行观察才能把握。

两种行动理论在实际中有可能一致也可能不一致,行动者能够意识到自己对于行动的信奉理论,但是对于使用理论则不一定能够意识到。行动理论中信奉理论与使用理论有助于改善教师教学行为,提升教师对于学生主体地位的认知,有助于提高课堂教学的质量。课堂教学是一个师生双方互动的过程,因而从学生的视角来对课堂教学中有意义的体验进行研究,可以促进教师专业实践理论的发展,提升教师课堂行动。

研究发现,学生在觉得自己能够完成某项任务、解决问题并创造"产品"时,会认为所处学习情境是有意义的。该研究还发现归属感会使学生对学习情境高度投入,甚至对学生在学校学习时间和空间的利用产生影响。对教师课堂教学中所采取的行动进行研究,课堂教学情境的意义是由师生双方共同建构,因此以促进学生发展为目的的教学实践活动,就不能不听取学生的"声音"。

安东尼·吉登斯的结构化理论缘起于对传统社会学理论的批判。

首先,安东尼·吉登斯认为功能主义与结构主义在强调社会结构的客观实在性并强调其对人作为个体的巨大影响的前提下,几乎忽视了人的主观能动性。然而现象学等具有主观主义色彩的社会学派别又过于忽视结构和制度。因此"结构行动论"就是安东尼·吉登斯在对之前社会学理论流派的扬弃的基础上提出来的。社会科学研究中,行动和结构一直是核心议题。在对这一对关系的理解上安东尼·吉登斯认为,社会行动者与结构之间具有互构性。在社会不断的结构化的过程中,人在发挥主观能动性的同时也在受着客观存在的影响。人在社会行动中通过不断的实践来发挥能动性,却又不断地创造着这些能动性能够复现的前提。当这些前提被社会成员所接受后,即成为行动者对社会的知识,并对其行动产生影响。在这个外化—客观化—内化的不断循环过程中,结构和制度在不断地被创造。安东尼·吉登斯的结构行动论所呈现的逻辑有以下几个方面。首先是社会行动所赖以存在的三个维度:时间、空间和结构。在既存结构中的社会行动必然处于一定的时空中,而对于结构中行动者所在的时空的把握意味着对于结构中权力的掌控。

其次,权力与行动有着密切的关系,权力并不一定带来压迫,相反权力也可以带来自由。在互动中,主体或者群体间的互动的规律化关系有赖于权力在结构中所形成的宰制作用。

在上述两个前提条件下,结构行动论的最主要部分涉及三个方面的综合表达。在安东尼·吉登斯的理论体系中,行动、行动的主体和结构三个概念共同组成了一个关于结构与行动关系的概念体系。任何的社会行动都不可能脱离行动主体而存在,行动以一种连续不断的、绵延的状态连接了主体与客观世界行动主体。行动主体在对自身和外在社会环境的认识基础上形成行动计划。在结构化理论中,安东尼·吉登斯实际上表达的是行动者在自身经验和知识所形成的结构基础上,而产生结构化的行动。吉登斯在其论著中表达了与以往社会学家不一样的行动观。他认为行动主体的行动与行动主体所具有行动权力密切相关。吉登斯认为行动的意外性结果恰恰是这一理论的良好佐证。

行动主体具有执行某种行动的权力,能动性是行动主体自制的权力,然而行动的结果却并不在行动者掌握之中。行动的意料之外结果也恰恰会成为下一次行动的未知觉的条件。与行动一样,结构也是社会理论中的焦点话题。在结构化理论中,安东尼·吉登斯将结构定义为规则与资源的集合。规则可以是存在于行动主体脑中的经验、体验,也可以是程序化的规则。资源则是行动主体所掌握的权威或者具体的物质形式。

二、教师教学的影响因素分析

教师的每一个专业行动,都受到一些因素的影响。这些因素可能是教师所持教学理念,也可能是教师在与他人讨论、交流后获得的经验,或者是以一些政策、制度文本或者专业教学惯习。教师的教学行动所面临的现实情境主要涉及来自实践、观念以及框架性因素三个维度相关因素的影响。这三个方面相互渗透、相互影响。

(一)教学情境方面的制约因素

1. 教学方式的差异

教师在进入大学从教的适应过程中形成教学风格转变。大学生自我意识非常强,而且大学生的学习观也与中学生差别很大。大学生思想成熟很多,自我意识更强。大学教学对教师自身业务能力要求也在不断提高,只有扎实的语言基本功是不够的,还需要有更新的教学理念、知识传授方法、课堂管理方法,因此大学工作让很多教师很难轻易体验到

第二章 教师专业发展的理论解析

工作的"成就感"。有过中学教学经历的教师就有如下感受。

中学教师有点像家长,感觉各方面思想上你要统领他们,要不他们就走偏。但是大学教师,上课的时候才能接触学生,课下也找不到学生。

因为前面做中学老师的经验,肯定也不可能完全抛弃,它是一直在滚雪球发展,经验的积累吧。

事实上,老师本身是应该要有发展的空间,老师如果没有发展空间,没有站在一个更高的平台上,教授知识,其也就只是个教师,这点在大学工作时体会挺明显的,觉得需要去再学习。

当了大学老师以后,反而觉得好像没有之前的那种成就感,甚至有时候会觉得,特别是到国外留学以后,就觉得人家老师教得非常好。而回来以后再到大学来教书,就感觉好像教师的个人素养、整个教学的观念都不一样了,觉得在教学上需要改变的地方很多,以学生发展为目标还有许多可以做的事情。

2. 教学节奏的差异

教师个体的生命时间是延续的,教师日常教学活动的发生以及对教学做出规定的制度则都是在时间流上的暂停,教师日复一日在教室中按照制度规定从事教学工作,这就构成时间上的教学节奏。而教学时间或者教学节奏上的"快"与"慢"是一种主观上的时间体验。在课堂教学中,师生共同主体的理念提醒我们,课堂中的时间体验者,不仅有教师,还有学生。教师和学生在学习中节奏的统一是理想状态,而两种节奏体验的差异性则是普遍存在的。教师对学生学习节奏所抱有的信念和学生学习节奏实然状态形成教学行动的潜势。大学教师的教学节奏和学生的学习节奏也会有很大的差异。这个差异要比中学的大,且明显。大学教师在课堂上的教学节奏,时间把控要比中学难。教师的"教时"和学生的"学时"间的差异要比中学更加明显。多数教师认为原因就是上大学后,学生的学习观念发生了很大的变化,对待学习这件事上的态度和中学生大不一样。中学生还是有升学考试的压力,学生会在学习上更加愿意配合老师,去学习知识。大学生就没有那么大的压力,而且刚刚从一个高压状态解放出来,再回到中学那个状态是他们不愿意做的事。

空间因素。秧田式的座位空间布局对践行新的课堂教学理念有很大的制约作用。从国家到学校,再到学院的教学改革文件都大力倡导以学生为主体,让学生在真实交际中学习,可是秧田式的空间布局明显是为了监控学生学习,而且学生的互动对象基本上都是所面对的教师。

(二)教学实践层面

教师间交流的时候更多的是在集体备课,大家每学期开始将教学大纲、教案、教学进度定下来,剩下的就是在每学期 6~10 次的备课中沟通一下具体的操作经验。这些教学实际经验比较依赖情境,真正的还是教师在课堂上面对具体情境的教学操作。

虽然是集体备课,教材、大纲是固定的,但是很多具体的东西也有可能是在课上即兴完成的。

课堂上的教学不可能完全按照事先准备的教案走。

现在学生的学习态度和方式通常会使得教师有很大的困惑,现在学生学习的功利态度,让人无奈。现在大学生注重各种考级。但是有时候确实让人感觉无奈。他们上课也不捣乱,就是不怎么听,在那里自学考级的东西。

针对学生课堂上的状态,很多教师经常会从学生学习的角度来对课堂做出一些设计,他们始终认为老师对学生在课堂上的学习状态是有很大影响力的,要想办法保持学生的学习状态。

课程精彩,有趣,学生投入高,他们可能就不觉得手机更好玩儿了。

因为教现在的学生,完全按照教学大纲和书本上那些死的东西来,他们会觉得枯燥。要是给他们一些其他的东西,做一些拓展,组织一些活动,他们可能会更加喜欢。

从教师们的话语中明显能感受到对学生的学习状态是有一个"理想"样态,一旦学生的真实状态和他们的期待吻合时,会获得成就感。这样的体验会加深他们对学习应然状态所持有的观念,并付诸教学行动。

同事间就教学问题的交流,多数关注某一授课活动安排,某个知识点教授方式。对学生学习的"问题状态"也有讨论,集中于教学手段和方法层面。对于学生学习的讨论集中在对近届学生的比较,能够达成的共识是学生学习水平、学习态度等越来越不好。

办公室内老师的交流是很具体的,大多是针对某一节课中的一个活动怎么安排,或者有某个知识点不确定等,有时候碰到一个问题,办公室老师就会问:这个题目怎么做之类的,也会讨论。

(三)观念

教师对自己在教学上的定位是有自信和自我认同的。在某些老师看来,大学生和中学生都一样,都是学生,都需要教师的引导。每个老师都各有办法,但是督促学生学习是一样的。

就中学来说教师有点像家长,感觉各方面思想上你要统领他们,要不他们就走偏,到了大学,课上的时候才能与学生接触,课下你也找不到他。

教师的自信和自我认同,主要来自学生。他特别看重学生在他课堂上的体验和收获。他自己却不太在意那个评教。因为学生对于教师的教学是否认同,教师是可以感受得到的。

如果学生对教师授课有意见的话,一般都能看出来,需要去当面沟通的。

教师在某种程度上是能够感觉到学生对于他教学的评价比较好,而事实上学生无论是在日常教学活动中,还是在学校层面组织的评教活动中对教师的教学评价很高。

教师重视学生对于所学知识的真正理解,而不是停留在空泛的讲解上。提高学生的参与度,要给学生布置任务,在课堂上和学生对话,语言能够学以致用。

背也背不下来,生活中用不了,你讲的内容,都是在点上,之前讲的那些知识都属于语言知识,对你我都是一些空泛的东西,他的参与度,问同学还有没有其他。让学生给他们布置一些任务,让他们带着问题上课,跟他们解答的讨论就是自由的讨论。

让学生自己愿意学、主动学、轻松、有趣地学习也是很多大学教师所主张的学习方式。通过各种策略来调动学生的学习积极性和激发学生的学习兴趣。特别是对于知识基础薄弱、学习习惯不好的学生更需要一些教学上的策略。

当学生在课间主动和老师进行探讨时,老师们会比较耐心地去解答,并在下一节上课时就这个问题和全体同学交流,明显能看出来教师对这样主动学习态度的支持,并鼓励大家"有问题可以随时来找我探讨,学习不是你们在那里坐着一直听"。

第三章

教师专业发展的路径：教师教育

> 教师专业发展的重要途径之一就是教师教育。在我国，为了培养更多合格、优秀的教师，很多高校开设了师范专业，为国内各个教育阶层输送了大量的教师人员。本章主要探讨教师教育这一领域的相关理论知识。

第三章 教师专业发展的路径：教师教育

第一节 "师范教育"与"教师教育"的术语分析

一、"师范""师范教育"与"教师教育"

有些人认为"师范"源自"效仿"的含义，有的人认为"师范"源自"标准"的含义，但是无论是哪一种理解，自从"师范学校"产生之后，"师范"在相当长的一段时间内成为英语国家一些教师培训机构的用语。随着办学层次不断提升，"师范学校"开始被"师范大学""师范学院"等名词取代。现如今，在国际互联网上，仍旧可以看到"××师范"等命名的一些培训机构，只不过数量比较少而已。

"师范学校""师范教育"对我国教师教育的发展有着极大的影响，到了今天，我们仍旧会用"师范"一词对一些教师教育进行标识，甚至将对教师的培训与教育称作"师范教育"。一般来说，我们会将 teacher's college 和 teacher's university 直接翻译为"师范大学"或者"师范学院"，而不会翻译为"教师大学"或者"教师学院"，这样的翻译是为了与我国近代教师教育制度相符合。

当然，百余年来，这样的认知也并未觉得不妥。直到 20 世纪 90 年代，我国学术界提出了"教师教育"的概念，导致逐渐替代了"师范教育"的概念。

二、长期沿用"师范教育"的原因

"师范"成为培养教师的代名词也是在近代出现的。据说，这一含义最早出现在清朝末年一些文章、著作中。梁启超在他的《论师范》中这样写道："故师范学校立，而群学之基悉定。"在这里，"师范"的意义就非常新了。

我国建立师范学校，是近代学制的一项重要内容，是借鉴西方教育制度建立起来的。因此，"师范教育"的形成与对西方教育体制的学习分不开，并结合中国特有的文化背景，来形成与转译的。

（1）由于我国博大精深的儒家文化，长期尊师重道的理念深入人心，"师"与"道"是两个并存的概念，师不仅是道统的代表与象征，更是肩负着传道授业解惑的责任。因此，将对教师的培养称为"师范教育"不仅与英文的词义相符合，又与中国的儒家文化传统定位相符，容易被我国人民接受。

（2）清末的教育改革是在救亡图存的背景下产生与发展的。鸦片战争之后，中国长期处于闭关锁国的状态，人们深知落后挨打的道理，因此在清政府内部出现了洋务派，主张"师夷长技以制夷"与"中体西用"，在这一理念的指导下，中国最早学习的不是思想层面，而是"坚船利炮"等有形之物。准确来讲，清政府内部的改革者宁愿接受西方的技能，也不愿意接受西方的学术，显然"师范学校"要比"师范教育"更具有实体性。

基于这样的背景，即便"师范学校"与"师范教育"是同时来的，但是人们更容易接受的也仍旧是"师范学校"，而不是"师范教育"。同时，对于缺乏近代学校根基的中国而言，清朝末年的教育改革更为倾向于解决近代学校体制的建立问题，而不是教育思想的讨论与研究问题。换句话说，当时中国更加需要的不是 teacher education，而是 normal school。

三、"教师教育"取代"师范教育"

在教师教育从初等、中等向高等转变的过程中，"师范"一词逐渐被舍弃。在西方发达国家，"教师学院""教师大学"或者一些综合性大学的"教育学院"将"师范学校"取代，甚至到了 1930 年左右，已经达到了相当的程度，而后人们更多的是使用"教师教育"。有学者甚至说道："美国到 1940 年，师范学校已经逐渐过时，从 60 年代，出现了很多州立大学，不仅会颁发人文学科学位，也会颁发教育学位。"至此，"师范学校"与"师范教育"在美国已经成为一个过去式。

到了 1990 年之后，教师教育逐渐在我国学术界占据一席之地，但是并未像西方那样使用普遍，"师范教育"仍旧占据重要的位置，仍旧被很多人使用。有人则认为，其实二者并无差别，只不过用词不同而已，只要将教师教育新的性质赋予到"师范教育"身上即可，没有必要非得更换名词。应该说，这种见解也是存在一定道理的，也是对二者关系的权衡方式。但是,有些人又觉得用"教师教育"对"师范教育"进行替代可能显得更为妥当。具体有如下几点原因。

(一)"教师教育"的提法更体现国际性

师范教育的提法具有国际性,其与英文 teacher education 相契合,便于国际的交流。尤其当今社会正处于全球化时代,我们已经加入 WTO,尽可能与国际实现接轨,对人际交流的障碍进行消除。要知道,"师范教育"在西方国家的文献中已然不存在了,西方很多人已经不理解"师范"的概念了,尤其是那些开发程度较高的国家、地区等,都将教师的培养视作教师教育。

(二)"教师教育"的新内涵更为贴切

如前所述,有些人提出仍旧以"师范教育"进行定义,但是添加新的内容,但是与其这么做,还不如用"教师教育"这一贴切的词来表达。因为前面那种做法容易让人模糊概念,后面的做法能够提醒人们认识新的意义。

(三)"教师教育"更符合时代潮流

在我国,"师范"一词有着特定的历史背景,直到今天人们仍旧会提到这个词,前面所说的儒家教师观、西方借鉴观等,都已经成为历史,或需要重新对其诠释,因此与时俱进的内涵产生,用"教师教育"对"师范教育"进行替代,是与历史发展潮流相符合的。

第二节　我国教师教育的发展概况

一、教育改革

（一）时代发展提出的要求

《国家中长期教育改革和发展规划纲要（2010—2020年）》中指出："提高质量是高等教育发展的核心任务。"如果我们走进课堂，我们每一个人都能够清晰地感觉到每位教师所秉持的教学信念。课堂教学是教师们表达观点、展现专业性的平台和场域，这样一个场域的存在是教育变革成为可能的条件。教育改革每一次都采用专业的手段来向教师传递着国家的意志，但是最了解自己学校和自己班级中学生的却是教师。我们的历次教育改革，都明确陈述出国家的人才需求，而教师就应该具有培养这样人才的专业素养。可教师所面对的实际教育教学的境况要复杂得多。

基本上我们在提到教育改革中的教师专业发展问题时，促进教师专业发展一直是稳定的讨论话题。而是否教师是专业的，怎样才是专业的，貌似除了用学生成绩体现外就是各种成文的标准，而从事一线教育专业工作的一线教师成了最没有发言权的人。而来自学生和社会各界对于教育的各种看法似乎也集中在教师身上，教师俨然成为教育的具象化符号。李·S.舒尔曼（Lee S.Shulman,2014）认为教师应该可以并且学会以他们的知识基础作为其教学决策和行动的依据，也就是说教师教育中必须提供用以指导教师行动的信念，并构成教师教学的依据。

（二）社会发展提出的要求

面对着不同的时代要求和国家发展的需要，教师的专业性在不同的时期有不同的使命，且随着社会对其需求也在不断地发生变化。吴康宁

(2003)认为,在课堂教学的具体事实中,学生于教师在教学互动过程中的实际地位和角色是会由于知识占有关系的"逆转"而发生地位和角色的"逆转"。当学生在教学互动中所涉及的知识内容明显多于或者优于教师时,学生便会成为实际上的教师教学的"知识资源",并在一定程度上与教师组成"教"的共同体,教师在某种程度上也会成为受教育者,或者知识学习者。但是这一情境的实现以及"教"的共同体的形成有赖于教师在教学中的行动,特别是对教学资源利用的课堂决策能力。学生的发展不仅有赖于知识和技能的学习,也有赖于教师在课堂中社会性活动的主导作用。教师本身就是实现教育目标的重要资源,学习方式和社会诉求的发展变化,对教师的专业素养提出了更为具体迫切的要求。以教为主的传授式教学方式已不适应学习方式的改变,因此,学习对教学行为的新的需求方式,促使着教师进行社会角色转换。

（三）专业自身发展的诉求

在大学这样的教育机构中,教师和学生并不是那种传统意识中固定下来的"教育者"与"受教育者"的角色。不论是从促进个体身心发展的角度,还是从当前信息化大发展和价值日益多元化的时代视角来看,教师和学生之间都不应该只存在一种教师教学生学的互动过程。随着时代的发展,科技的进步,教师和学生之间在知识占有量之间的差异已经越来越小了,因此,具体教学场域中的师生互动已经不能只是一种知识资源的交换或者传递,而应该是师生间在共享知识的基础上的"师生共学"的过程(吴康宁,2015)。

学校是教育机构,学校的"教"体现在对国家需求的贯彻,也体现社会对于所培养的人的基本要求;同时学校也是学习机构,学校的"学"则体现了学生的诉求,二者缺一不可。教育社会学提供了新的理论视角来审视教师专业性所面临的诸多问题,对教师在教育中作为行动者而采取的行动有了更深入的认识。

教师的专业知识是对教师这个职业一个基本要求,没有一定的专业知识就无法完成基本的教学工作。但是并不是说具备了专业知识就一定可以保证教学活动的顺利。学校教学活动其实本身也是教师和学生、教师和同事在以一定经验和知识为基础,为了更好地完成教学目标和教育期望而进行的社会互动过程。只不过在这个互动过程中,教师的专业知识、社会经验以及相对的成熟心理使其处于一个相对主动的态势中，具有更明显的主观能动性。教师在整个教学活动过程中，通过一系列的行动来对教学的整体过程施加影响。然而单个教师的经验和知识是有限的，这就意味着，对教师在教学中的行动产生的影响因素不仅限于理论和自我经验。

约翰·杜威（John Dewey）（2004）认为"一个人之所以是有智慧的，并不是因为他有理性，而是因为他能够估计情景的可能性并能根据这种估计来采取行动"。教师这一特殊职业所具有的专业性及其专业资本对于教师的工作效率有重要的影响。结合符号互动论，教师的教学行动之所以成为可能是因为在教育活动中，教师和同事之间，教师和学生之间对教学符号的认知达成一致。对于教学符号的统一认知，使教学行动成为可能，也可以超越知识传授的层面，从更加基本的人与人之间的社会交往层面来对教育教学成败的影响因素进行分析研究。在教学过程中，教师通过对其教学经验和体验的认知，将自身和来自同事的知识和经验作为资源来不断地提升自身的能动性，这是从社会学的视角对教师在教学中的行动进行有效分析的一个理论视角。

教师的教育理念和其所贯彻的教育行动之间的关系处于一种融合状态，是认识与信念、思想与行为的融合。在这样的教育理念下，教师在教育中的行动有了不一样的表现方式。教师教育理念在其教学专业权力具有保障的前提下，得到了充分地彰显。教师正确的教育行动使学生真正成了学习的主体，有意义的学习得以发生。只有教师真正成为自身专业发展的主人，教师才会成为自身专业实践中的"领导""智者"，获得自身专业发展的"解放"和"动力"。在此基础上，教师的自我发展才能够成为"自觉、自主、自省、自由的发展"，教学专业自主权的回归意味着教师真正地获得专业"解放的发展"，也意味着学生学习权的真正回归。课堂是教师获得其职业表现特征的主要场所，课堂教学行动是一种社会行动，是教师在充分考虑教学系统各种条件和基础之后，进行有意识选择的社会行动。目前教学中，时常出现教师教学理念与行动的割裂状态，缺乏先进的教学理念以及受外部条件限制成为有效教学行动的掣肘。

二、教育改革对教师课堂教学提出的要求

伴随着我国高等教育改革不断推进，面对社会经济发展的新需求，高校的课程和教学也在不断地进行改革。教师作为教育课程和教学改革中的重要一环,在教育和课程改革中起到了至关重要的作用。但是从目前看来,我国课程和教育改革中的质量保障体系还有待进一步改善。提高课程教学质量,其关键的因素在人,其中涉及教与学两方面。我国将核心素养作为21世纪课程教学改革的重要支点并在理论上形成了价值合理性,也尝试在实践环节获得相应的行动合理性。然而实践环节的矛盾表现在理论的固化和实际教学情况多样化的矛盾。既然人是处于不断地发展的状态中,那么对于课程和教学的改革就应该以人为本并倾向于整合课程、教学行动和主题式教学活动。

但是从目前的具体教育改革情况来看,对于教师专业发展的研究特别是对于教师在教学实践中的实然情况的研究还有欠缺。研究内容对于教师具体教学方法的应用、知识和技能的讲授等方面侧重较多,对于教师实践教学活动的实证研究较少。教师的教育实践活动所指并不局限于教师对于国外一些具体教学理念、教学方式、教学策略的应用,应该从教师的教学实际情境出发对教师在教学活动中的实然状态进行理解和解释,来揭示中国教育的实然状态并对其影响进行分析。在现今时代,知识已经不再是某一个阶级的特权。对于知识的掌握已经不能成为成功教学的必要条件,在这样的变化中,教师应该在教学中采用什么样的行动来适应新的时代要求,成为每一位教学工作者应该深思的话题。教学特别是大学英语教学更应该对于新的教学需求进行呼应,并在教学实践层面进行改革,而教师的教学行动则是改革成败的关键所在。关注"学生需求",形成教师引导和启发、学生积极主动参与应为主要教育和教师专业性展示的常态特征。

第三节 教师教育发展的理论依据

一、社会建构主义理论

苏联心理学家维果茨基(Vygotsky)的社会建构主义理论(social constructivism),又称"社会文化理论",是大多数教师教育导师制研究的理论基础。

在社会建构主义理论的丰富内容中,联合活动(joint activity)和最近发展区(zone of proximal development, ZPD)两大概念可作为教师教育导师制的理论基础。苏联心理学家维果茨基认为,大多数学习活动不是孤立获得的,而是在社会情境下通过与他人互动获得的。然而,这种互动需要发生在最近发展区才行。最近发展区被定义为"个体目前的日常行为与可集体生成的社会活动新形式之间的距离"。最近发展区有三个方面含义。第一,学习涉及多个人,不仅仅涉及一个人尝试单独构建学习,这突出了互动的对话本质,可以为师范生提供一个与其他能力较强的导师或同伴一起工作的机会,是非常有价值的。第二,个人在分享和构建知识方面具有主动作用。第三,学习参与者之间的互动,被认为是动态的和辩证的。最近发展区的概念说明在社会互动和交往情境下,导师可以为师范生个人学习作出贡献,不管导师是长辈还是同辈。这种合作学习,在教师教育导师制的指导行为中比比皆是。很多教师教育研究都发现长辈导师和同辈导师提供的支持都能促进师范生的认知发展,师范生通过社会互动和对话,有机会与长辈导师或同辈导师共同构建知识。从社会建构主义理论来看,知识必须通过师范生主动参与社会互动中才能构建出来。

总之,教师教育中的社会建构主义理论强调了职前教师与其合作教师(导师)之间的社会互动对于其有效指导的重要性。

二、社会学习理论

作为社会动物,人类自己才是学习的中心,学习这种实践活动必然导致人与人之间相互参与。因此,他的理论引入了三个重要概念:相互参与(mutual engagement)、共同事业(join tenterprise)、共享资源(shared repertoire)。这三个核心概念对社会学习理论至关重要。

具体到教师教育领域,首先,相互参与是导生指导关系,甚至是整个导师制的基础。导生双方积极对话才能相互参与,相互参与会涉及亲密关系,也会涉及权利和控制。这依赖于导师和师范生的性格、指导风格以及二者角色之间的平衡。有些师范生会将自己在实习期间遇到的挑战和困难,视为消极的东西。师范生对自己没有清晰的自我认识,会导致专业知识的学习比较肤浅,此时师范生与导师的友好沟通和对话参与对于克服这些挑战和困难就显得至关重要。

其次,共同事业指的是导生双方有共同的专业发展目标,即顺利完成教育实习工作。导生沟通是导师制完成共同目标的重要一步行动。导生的良好沟通能让师范生融入学校,自由选择课堂教学技能,能帮助师范生建立专业自信,拥有主观幸福感,推动持续不断的合作。

最后,共享资源指的是导师制和导师指导行为涉及一些坦率的、开诚布公的、共享的交流和对话,如关于教学、测评等话题。有研究者认为,对师范生而言,真正有效的导师指导,不仅是一些简短的教学技术上的建议和情感支持,更是导师和师范生共享一些做法,共同行动。

三、文化—历史活动理论

文化历史活动理论(cultural-historical activity theory, CHAT)由芬兰学者恩格斯托姆(Engeström)于20世纪七八十年代创建,是活动理论的第三代("third generation" of activity theory),可以用人类活动系统的三角结构来表示(图3-1),旨在从理论上解释现代世界中由重叠的活动系统组成的复杂网络以及文化多样性。

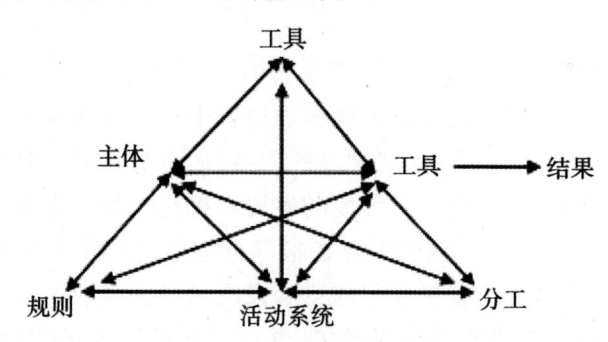

图 3-1 文化—历史活动理论视角下人类活动系统的三角结构

文化历史活动理论认为,活动是以对象(目的)为导向的开放性系统,这种活动系统共包含六大要素:(1)主体,是指参与活动的个人或团体;(2)工具,作为主体的资源,既可以是社会他人,也可以是文化符号及各种人工制品;(3)对象,是指该活动的动机和目的;(4)规则,是指在不同程度上影响活动的任何正式或非正式的事实、现状、条件等;(5)共同体,是指主体在参与活动时所归属的群体,它还包括活动所涉及的直接相关者及活动结果可能潜在影响的人群;(6)劳动分工,是指所有的共同体怎样分配任务。这些要素相互联系,两两之间也可能产生矛盾,最终促使活动系统的动态发展和活动对象的达成。

如果我们把教师教育导师制中的导生交往作为活动系统,那么我们便可从这六个要素进行解读分析。

(一)活动对象:导生交往

导师制这一活动系统的对象和目标为建立基于生命的和谐良好的导生交往,这是一种理想的师生交往状态。一方面,这样的师生交往关系尊重生命和个体的成长,使得导师和师范生能基于生命,与自身相遇,与彼此相遇,共同迈向"理解和生存于世界的更真实途径的精神之旅"。另一方面,和谐良好的导生交往不仅可以促成活动系统内部各要素的发展与进步,而且能够指向好的结果——真理的获得、修养的提升、精神的重塑……正如一切高级心理机能需要通过人与人的交往而形成,真正的教育也需要在面向心灵的师生交往的作用中生成。

(二)活动主体:导师和师范生

导生交往包括导师和师范生两类主体。一方面,在实习实践教学中,师范生既是学习的主体,也是导师指导过程中与导师直接相遇的对象。师范生通过与导师建立主动或被动的联系,使自身在教学技能、道德修养、情感精神等方面获得一定程度的发展和提高。另一方面,导师是导师制指导过程的主体。他们需要在指导过程中通过敞开自身的心灵,运用各种指导技巧,或解释描述或演示说明主要的实习实践内容,有目的地让师范生习得真正的教学技能,并使其教师职业道德与伦理获得升华。

(三)活动工具:导师指导

在活动系统中,工具作为主体的资源,既可以是社会他人,也可以是文化符号及各种人工制品。导师指导是师生交往的主要活动。动态的导师指导活动过程构成了导生交往的外部文化工具。一方面,导师指导是指以导师和师范生为主要人物,以教学实习为主要事件,包含课堂物质空间、精神空间和社会空间的有机生态环境。在此生态环境中,形成了导生交往所依托的文化氛围。另一方面,语言作为一种文化符号和中介,其本身蕴含的意义和变化的形式就代表了一种文化,这种文化主要通过导师的指导内容和指导方法渗透到导师指导活动中。其一,指导内容是指在导生交往之间所共同传递的事物,包括知识技能、师德伦理、教学理念等。其二,指导方法是导师所运用的,为达到指导目的所使用的具体方法,包括讲授法、对话法等。

(四)活动规则:影响导生交往的条件和事实

在活动系统中,一定的条件和事实会形成正式或非正式的规则,与活动对象相互作用,并在一定程度上对其进行规制和约束。对于导生交往活动来说,这些事实条件主要包括两方面。一方面,在教学实习实践环境中,导生交往目的主要为使实习师范生能够掌握各种各样的教学技能,顺利完成实习目标。这在某种程度上加强了对师范生的技能训练,却忽视了对善和美的追求。另一方面,随着师范生扩招数量越来越多,作为师范生的导师要面对的是数目众多且性格各异、能力不齐的师范生,导师疲于应对,指导活动过于追求完成数量,可能就忽视了指导质量。

(五)导生共同体

个人在社会集体中生存生长,这些集体也会对活动系统的对象和结果产生影响。在以导生交往为导向的教师教育导师制活动系统中,导师和师范生所归属和面对的主要有三类共同体。第一,导师归属于整个导师群体,同时,师范生也需在一些场合与导师群体相遇。导师群体不仅是在同一所学校共同存在的关系,还共同享有教师文化,会对知识或某一问题相互交流看法,会共同关注实习师范生的实习教学和专业发展。第二,师范生归属于整个实习师范生群体,同时,导师也需面对不同的师范生群体。以实习基地为单位,每个师范生都在自己群体中成长。他们两两结伴,三人成行,或探讨教学实习,或分享趣事,形成了各种各样的群体文化。第三,以实习教学为基点,导师和师范生又形成了导生共同体。他们以传授知识、吸收知识为主要目的,通过每次指导活动中的相逢和了解,促进彼此之间的交流和认识。

（六）劳动分工：导师和师范生各自的角色与职责

在以教学实习为基本文化中介的导生交往过程中，导师和师范生作为主体，首先要认识自身作为完整个体、作为导师、作为师范生的角色。其次，他们应承担各自在导生交往中的不同任务和职责，并根据具体的情况进行角色和职责的恰当转变。最后，导师和师范生还应发挥其主体的作用，与系统中的其他要素进行关联整合，为导生交往活动系统的再构建提供理念和实践的支持。

四、定位理论

定位（positioning）作为一个概念，与一个人在社会关系系统中所处的地位有关。通过这些关系，个人能够在不同的互动过程中定位自己。定位理论描述了中小学教师、大学教师和实习师范生在彼此三向关系中的权力和地位的妥协和调整。这种定位深刻塑造了每个参与者的角色体验。换言之，定位理论提供了一种分析框架，使研究者能深入理解教师教育双导师制中的双导师和师范生三方如何理解他们各自的角色和责任，也能深入考察他们对"好教师"的理解。

何为"定位"？定位是这样一种行为，即在个人故事的话语建构中，将流动的"部分"或"角色"分配给说话者，使一个人的行为作为社会行为变得可以理解，并相对确定。当个体相互作用时，他们共同构建了一个故事情节，其中每个个体都扮演一个角色，他们通过一个对话过程使这些故事情节变得清晰。在故事中，说话者给自己定位，也被别人定位，每一次定位的转变都会带来理解和行动的改变。在故事情节中，演员扮演不同的角色，他们扮演的角色以及他们如何扮演这些角色揭示了事件的意义，并给出了自己和他人的定义。进一步而言，他们开启或关闭成长的机会，并塑造自我表达的方向和形式。

定位发生在特定的意义情境下和特定的道德秩序下。人们如何定位他人以及如何被定位，反映了他们对道德秩序的看法以及他们置身于道德秩序之中的地位。因此，发言者（校长、中小学教师、大学教师）给他们的互动带来不同的观点或发言权，他们履行不同的职责，承担不同的责任和义务,这反映了在权力和威信上的分配差异。地位上的改变带给他们与人相处的不同方式,并开启或限制了他们理解人际互动和人际关系的可能范围。

此外,定位可能有意或无意,或考虑不周或深思熟虑。当有意定位时,或成功或失败,因为对自己的定位总是涉及对他人的定位,而对他人的定位又总是涉及对自己的定位。一个人尝试定位另一个人,结果可能会遇到强力抗拒。例如,一名实习师范生可能会拒绝被定位为依赖他人型或拖后腿型。还有,当一个人强迫另一个人在故事情节中扮演一个原本并不想选的角色时,此时的定位可能是被迫的。比如,一名师范生有时会感到自己在被迫模仿他的实习导师、被迫模仿导师与中小学学生的相处之道。

最后,定位不需要直接在场——大学导师可以给实习师范生定位,尽管大学导师很少去学校实地探访观察实习师范生。事实上,人不在场却为他人定位,这事经常发生。比如有些雄心勃勃的政策制定者公布学校考试成绩,并承诺对成绩下降的学校进行惩罚等。不在场的情况下,八卦和小道消息也是定位他人的工具。比如,一位大学导师告诉一位校长说,一名实习师范生教学能力优秀,培养潜力巨大,结果便给这名实习师范生开启了一个以前并不存在的学习机会——去参加一场重要的教学技能大赛了。

五、合作反思理论

反思性实践者(reflective practitioner)这一理论研究传统也为教师教育导师制提供了理论源泉。反思性实践(reflective practice)在教师教育中被认为越来越重要,研究者们一致认为教师通过不断反思自己的教学经验,从经验中学习。师范生在教学实习期间学会教学的各种授课能力,更多的就是通过反复探索、反复尝试、反复训练获得各种教学经验。

美国教育学家杜威是第一个认识到将反思与教师教育联系起来具有重要意义的教育学家(Dewey,1933)。理想情况下,师范生会使用上述一种或多种反思,导师在与师范生的各种互动过程中,也会使用各种指导策略,如对话、观察、讨论、备课或协作工作等来启发师范生反思。可见,在教师教育导师制中,知识构建的一个重要渠道便是导生一起合作,一起反思。与社会建构主义理论一脉相承,这种合作反思理论也是教师教育导师制的一个重要理论基础。

六、榜样学习理论

观察学习在教师教育领域同样重要,是教师教育必不可少的组成部分,是传承教师技能、师德伦理和社会主义核心价值观的重要方法。例如,最美教师、教书育人楷模、师德标兵等各级教师荣誉体系的建立,都是在鼓励职前和职后教师将这些优秀教师视为榜样。

此外,在师范生教育实习环节,或通过对优秀教师现场观课见习,或通过名师微课等多种多样的形式,师范生也在不断观察学习和行为模仿。甚至自己身边优秀的同学,都可以成为观察学习对象,这也是同伴导师制的理论基础。

七、五因素指导模型

澳大利亚教师教育研究者彼得·哈德森(Peter Hudson)为了告知导师,尤其是中小学合作导师在教学实习期间所需扮演的角色,以便使导师制更有效、指导目的更明确,于2010年开发了教师教育导师制的一个新模型——五因素指导模型(five factor mentoring model),并在近期逐步完善为指导有效教学项目(mentoring for affective teaching program)。该模型专门针对中小学合作导师而开发,既是师范生教学实习期间导师制的实施实践模型,也是一个理论分析框架。

该理论认为,为对师范生进行有效指导。导师,尤其是中小学合作导师需具备和重点关注五大因素:个人属性(personal attribute)、体制要求(system requirements)、教育学知识(pedagogical knowledge)、榜样示范(modeling)以及反馈(feedback)。根据这五大因素,还进一步编制了相关问卷工具,被较多研究广泛用于教师教育导师制的现状调查,方便了解导师制实施现状、导师制存在的问题与不足以及导师指导质量情况,可为教师教育政策制定者提供参考建议,以采取进一步的行动来改善导师指导质量。

个人属性指中小学合作导师应向师范生展示恰当的、适切的人际交往技能;体制要求指中小学合作导师应表现出对国家教育政策、教育体制及教育要求的充分理解；教育学知识指中小学合作导师应从他们的教育学资源库中灵活应用有效知识和策略，帮助师范生授课；榜样示范指中小学合作导师应示范他们的想法和理念，并与师范生讨论共享，给予师范生足够的机会去实践；反馈指的是中小学合作导师进行观课后，应对师范生提供建设性的和积极的评判。

这五大因素对于师范生的教学实习具有重要意义，显著影响实习期间师范生的成长和发展。哈德森认为，若将中小学合作导师的角色细分到相应的五大因素中，便有可能加强导师指导过程，保障教师教育导师制的有效运行。

具体而言，首先，当导师指导涉及个人属性时，中小学合作导师在指导师范生时表现出出色的人际交往技能，如专注、鼓励、热情、负责、支持和自愿，这明显使导生双方关系更融洽，加强导生友好关系，导生都可以舒服地扮演彼此角色，从而促进导师制指导过程的进展；体制要求有助于师范生更清楚地了解教育体制是如何运作的，当中小学合作导师向师范生告知国家和学校的教育政策和教育体制时，师范生会理解学校如何运作，并能够全程遵守这些政策和制度。

其次，教育学知识使师范生能够有效地授课，随着教育学知识被传授给师范生，便能扩大师范生的教育学知识储备，从而开展有效的课程和教学；除了这些教育学知识之外，榜样示范有助于培养师范生对专业教师的积极态度，中小学导师可以作为榜样和模范来示范良好行为和做法，师范生观察习得这些行为和做法，并将此融入课堂教学。

最后，反馈有助于进一步提高师范生在学校进行教学实习工作的表现，在师范生授课后，中小学合作导师的反馈能使师范生对自己的教学实践更有信心，会更加积极参与反思性教学，以提高现有教学水平。

八、整合指导理论

有研究者在梳理前人大量实证研究的基础上，总结出了职前教师教育导师制的四种指导取向（表3-1），进而集四种指导取向之长，提出了自己的整合指导理论，该理论模型如见图3-2所示。该理论认为教师指导在实践中不能完全局限于其中任何一种。相反，它需要借鉴来自不同方法的指导实践，因此应整合四种指导的优点。

表 3-1　职前教师教育导师制的四种指导取向

	个人成长取向	情境学习取向	核心实践取向	批判性变革取向
指导活动的关注点	帮助师范生发现并解决他们的个人问题	导师依靠自己的经验和专长，使师范生融入学校文化和实践中	要求师范生参与观课、模仿和复现核心教学实践	致力于帮助师范生学会不走寻常路来教学
	支持师范生尝试他们的教学理念，而非强加导师自己的教学专长	要求师范生参与观课，并在导师授课后，要求师范生模仿并复现这堂课	支持师范生分解核心教学实践，以了解其每一个组成部分是如何工作的	与师范生共同思考，帮助师范生提出自己与他人在教学上的问题
	与师范生建立关系，并关心他们的个人问题和需求	当导师与师范生互动时，导师指导及评价的关注点聚焦在教学的技术方面及流程方面	通过聚焦核心教学实践的基本原理，导师与师范生共同教学，支持师范生在不同环境下进行教学实践	让师范生接触不同的教学理念，并支持师范生为了社会工作的目的，来描述、解释和实施这些理念

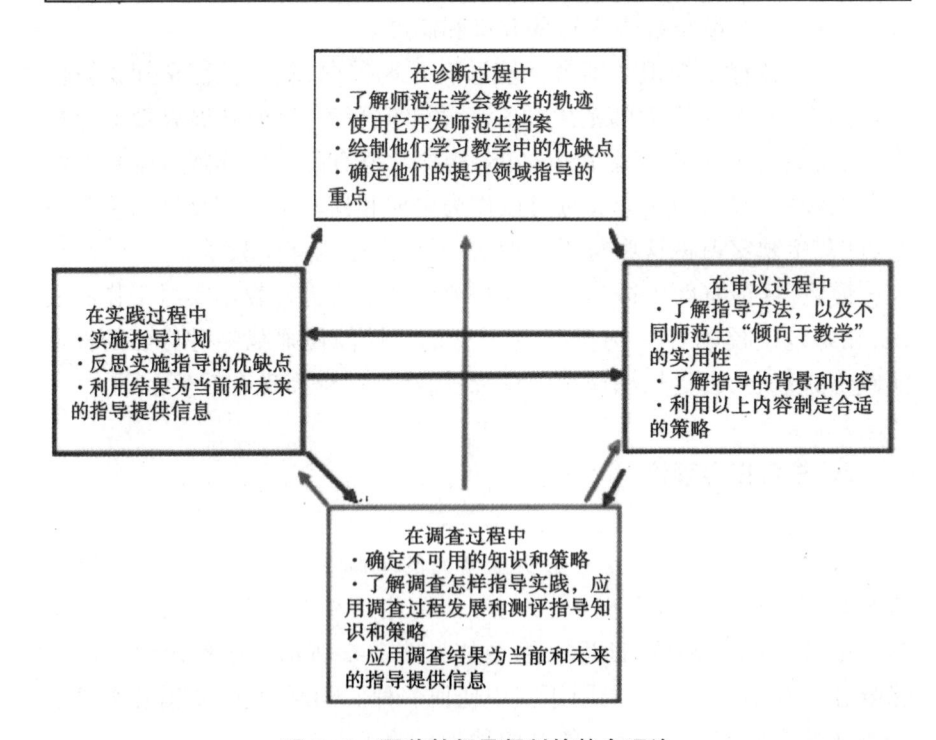

在诊断过程中
· 了解师范生学会教学的轨迹
· 使用它开发师范生档案
· 绘制他们学习教学中的优缺点
· 确定他们的提升领域指导的重点

在实践过程中
· 实施指导计划
· 反思实施指导的优缺点
· 利用结果为当前和未来的指导提供信息

在审议过程中
· 了解指导方法，以及不同师范生"倾向于教学"的实用性
· 了解指导的背景和内容
· 利用以上内容制定合适的策略

在调查过程中
· 确定不可用的知识和策略
· 了解调查怎样指导实践，应用调查过程发展和测评指导知识和策略
· 应用调查结果为当前和未来的指导提供信息

图 3-2　职前教师导师制的整合理论

职前教师教育导师制的四种指导取向分别为个人成长取向、情境学习取向、核心实践取向、批判性变革取向,四种指导取向在指导的假设、关注点、实证证据以及挑战等方面均不相同。

九、整体指导理论模型

除了传统的一对一导师制这种二元指导模式(dyadment oringm-odel),研究者还考察了超越了传统的一对一导师制的其他创新形式的导师制。比如,一名合作导师带两名师范生的一对二导师制这种三元指导模式(triad mentoring model),包括三个角色的相互作用,即一对一传统导师制+同伴导师制。研究者尝试使用整体指导模型(holistic mentoring model)来解释这种三元指导模式。

教育情境下的导师指导过程比较复杂,包括三大要素:关系性成分、发展性成分、情境性成分。这三个成分既相互独立,又嵌套在一起,构成一个整体,如图3-3所示。

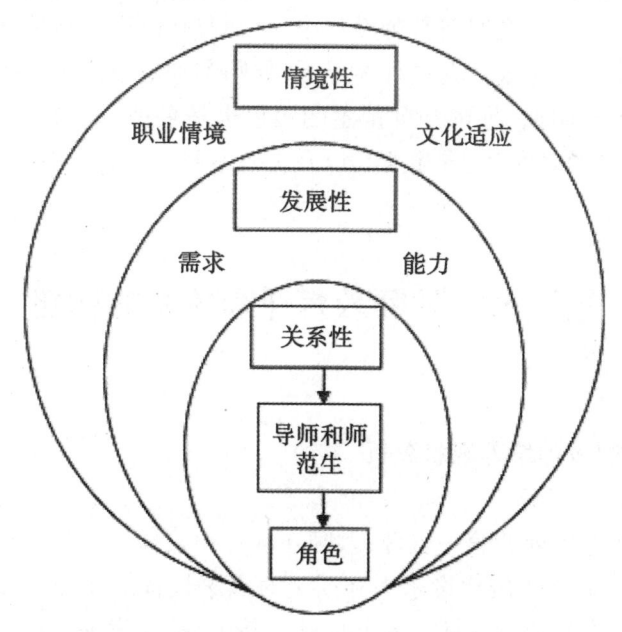

图 3-3 教师教育中的整体指导模型

如图3-3所示,关系性成分是导师指导的核心,导生之间建立起来的关系会直接影响导师制指导目标的达成。在职前教师教育中,导生之间建立起关系,这种关系是带有专业发展性质的,且在这之前导生彼此之间从未互动过。而且教师教育中的导生关系还依赖于实习时间和实习要求。

导生关系建立起来是为了专业发展或个人成长的,所以导师指导过程的发展性成分旨在帮助学徒实现他们的发展目标。因此,学徒的能力和需求会塑造师徒关系以及增强师徒互动。职前教师教育非常强调发展性成分,因为在实习期间学会教学是整个实习的核心任务。因此,教师教育导师制中的发展性成分常常关注师范生的需求以及必须完成的任务。

情境性成分将导师指导关系置于专业或职业情境之下。在职前教师教育中,学校、课堂及师范生所在年级等情境性因素都会影响导师指导关系。职前教师教育中的情境性因素聚焦在对学校文化环境的适应、对教师工作行为的融入以及在教室内的具体要求。

整体指导模型中的这三大成分是什么关系?如图3-3所示,关系性成分是导师指导过程的核心,关系性成分中的导生角色会影响发展性成分和情境性成分。在职前教师教育中,导师和师范生的角色是为了完成专业实习安置的要求。在这种情况下,导师和师范生的角色都可以预料得到。但也要明白,导师和师范生的角色也是多种多样的,这些角色相互联系,但又随着时间、导生互动以及关系本身的变化而变化。

第四节 教师教育课程体系的构建

一、我国教师培养现状分析

作为教育发展的第一资源,教师在教育中发挥着举足轻重和不可替代的作用。师资队伍建设水平和质量对国家教育事业乃至国家事业的发展水平具有决定性影响。在新时代背景下,社会发展及教育的深入改革使得学生对优质教育资源的需求量不断增加,其中自然包括对优秀教师的大量需求。在全民健身和健康中国背景下,我国人民群众体质健康水平整体不乐观的现状使得教师肩上的担子更重了,教师背负的不仅仅是学校的责任,更是民族的责任,中华民族的伟大复兴及社会主义现代化建设对新时代教师的综合素养提出了更多、更高及更新的要求。高校是培养教师的重要基地,高校教育专业的课程质量及教学水平直接决定了师资的培养质量。我国教师的培养现状包括高校教育专业的人才培养现状以及教师的职业培训现状,下面对相关问题展开分析。

（一）培养目标不明晰

社会对教师职业的需求是随着时代的发展而不断变化的,教师的培养目标和模式应该随着社会不断变化的需求而有所调整,因为原有的培养目标和方式无法满足现实的需要。目前来看,我国开设教育专业的高等院校在教师培养方面存在培养目标模糊、培养方案落后的现状,人才培养的理论与实践体系之间缺乏密切的联系。高校缺乏根据时代需要和社会需求而完善教师人才培养方案的意识与行动,导致人才培养目标与现实需要不符,缺乏时代性。

（二）课程设置不合理

高校教育专业的课程设置及专业教学质量直接决定着对教师人才的培养质量。现阶段,部分高校的教育专业在课程设置上存在以下两个方面的问题。

第一,公共必修课程与专业课程的课时分配不够协调,各自所占的比例不合理。主要问题是公共课程的课时占了一定的比例,导致专业课程的课时不足,难以完成专业教学任务。一些学校为了完成预期的人才培养方案,对专业课程进行删减,从而对人才培养质量造成了影响,导致培养出来的教师缺乏良好的专业素养。

第二,高校教育专业的课程主要有教育学与教学论、中小学与健康教学、教学技能实践等。课程看似丰富、全面,但细分发现这些课程中有些内容是重复的,这势必会影响人才培养的效率和最终的质量。

（三）培养模式及观念落后

当今社会需要的是个性化人才、全面型人才、多元化人才,这是高校在师资培养中制订培养方案以及不断完善培养方案的重要依据。这要求高校不断更新人才培养观念，根据现实需要而对培养方案进行调整，构建新的人才培养模式，从而培养出能够在中小学教学中真正发挥作用和做出成绩的优秀师资人才。

目前来看，一些高校在培养师资人才方面缺乏先进的理念，如在课程设置中以专业理论课程为主，忽视了岗位实践的重要性。此外，人才培养模式也较为落后，如培养方式单一，培养内容片面，忽视了对实践能力以及创新能力的培养等。

（四）脱离社会发展需求

高校教育专业学生毕业后能否顺利就业，成功进入中小学成为合格的教师，关键要看其是否满足社会对教师这一岗位提出的专业要求，也就是这些毕业生的实际能力和现实需要之间的契合度是否足够高。满足社会岗位需求的毕业生容易在竞争激烈的就业市场中脱颖而出。所以说，高校要培养满足教师岗位专门需求且综合素质较高的人才，促进毕业生与工作岗位完美对接。

有关学者在调查中了解到，中小学教师在上岗前不了解或不太了解岗位需求的情况很常见，而且部分教师上岗前不了解中小学基础教育的改革情况。还有一部分中小学教师认为自己在高校学习的专业知识在教学实践中利用率不高，而因为在高校期间实习机会少，所以进入岗位后不能很快适应教学工作。由此可见，高校教育专业关于教师人才的培养与社会岗位缺乏有机融合，尚未充分了解新时代教师的岗位特征和发展趋势，导致教育专业的学生毕业后就业难以及入职后适应慢，难以快速胜任本职工作。

（五）职业培训不乐观

教师的职后培训与职前培养同样重要。很多中小学教师对专业培训的需求比较强烈，也有参加继续教育的意识和打算，并深刻认识到专业培训、继续教育对自身长远发展以及对中小学发展的重要性。但现实中他们的需求并未得到充分的满足，因为学校不重视在职教师的培训与继续教育，没有提供足够的机会，也没有从政策、资金等方面提供支持。

社会上的培训机构资质良莠不齐,培训内容落后,培养方法单一,培训者专业素养差,培养质量得不到保证。此外,中小学教师往往要负责几个班级的课,而且还要完成运动训练、社会等相关工作,工作量大,任务繁重,余暇时间不多,所以没有足够的时间去充实与完善自我。

二、我国教师课程体系构建的策略

(一)明确培养目标

培养目标是高校培养人才的基石,对人才培养方向起到决定性影响。新时期学校教育对人才的需求随着社会进步和时代发展而发生了变化,这种变化主要表现为多层次需求、多规格需求、综合性需求以及创新性需求等,这就要求高校不断适应新时代对人才提出的新需求,从现实需求出发,结合高校办学条件而优化人才培养方案,明确人才培养目标,为人才培养工作的开展提供正确的方向与指引。

需要注意的是,不同高校因为办学历程、办学条件、办学环境、师资水平等各方面都存在不同程度的差异,所以培养人才的目标定位也有区别,体现了学校的办学特色和人才培养特色。培养优秀的师资人才是一个长远的过程,在不同的培养阶段应该提出不同的培养要求,细化各个阶段的培养目标,从而促进培养对象一步步成长为优秀的教师。虽然不同高校在教师人才培养方面各有特色,但总的来看,培养目标都应满足以下几项要求,或者说培养出来的人才应达到如下要求。

第一,全面贯彻党的方针,符合社会发展和事业发展的需求。

第二,具备积极从教的激情与职业情感,并把自身激情投入到教学工作中。

第三,精通专业基础学科知识,掌握各项专业技能和教学方法,能力多面,一专多能,且有深厚的学术水平。

第四,教育理念先进并掌握熟练的教学技能,综合素质较高,符合基础教育要求。[①]

---

① 马亚男. 安徽省高校卓越教师培养现状与对策研究[D]. 淮北师范大学,2015.

(二)设计科学培养方案

高校对教师人才进行培养,要先立足实际,结合社会需要和办学条件而设计与确定一个较为完备的科学培养方案,从而根据方案有序开展培养工作,并在培养过程中根据现实需要灵活调整方案,以不断完善方案,提高人才培养的效率及培养质量。培养教师是高等院校的主要职责,在培养过程中需要地方政府的支持,也需要高校与中学建立合作机制,为教育专业学生争取实习岗位和机会。基于此,可构建高校、政府及中学有机结合的"三位一体"教师培养方案,如图3-5所示。

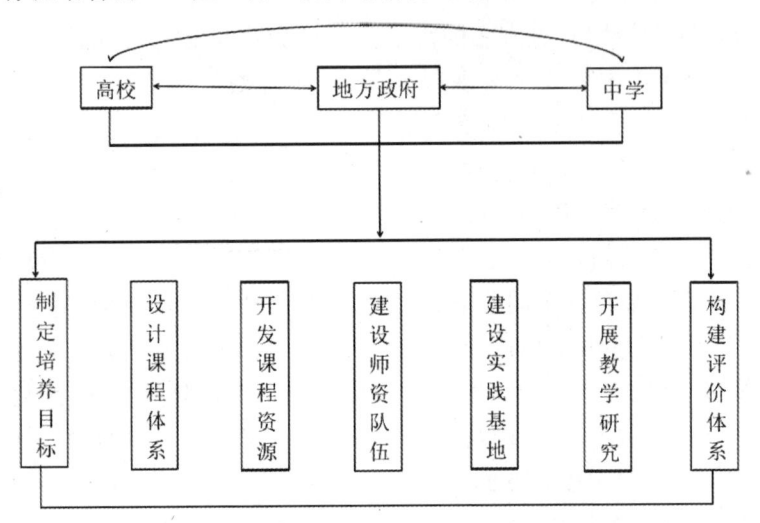

图3-5 高校、政府及中学"三位一体"教师培养方案[①]

在上图所示的人才培养方案中,高校居于"主体"地位,其作为主体的主要职责是将三方联系起来,协调三方的利益关系,保障最终的培养质量。在人才培养的整个过程中,尤其是在人才培养课程的整个实施过程中,高校都要落实到各个具体细节的工作。该方案中地方政府居于"主导"地位,主要职责是统筹整体规划,领导相关部门的工作,提供资金保障,优化资源配置。政府从宏观上对高校和中学的合作加以引导和调控,并制定相关政策来予以扶持,提供保障。中学是高校教育专业学

---

① 崔文晶.卓越中学教师"三位一体"培养方案设计研究[D].山西师范大学,2016.

生实习的重要基地,其主要职责是响应地方政府的政策,接受高校教育专业学生来校实习,积极配合政府与高校的工作,做好基础性实习实训的管理工作。

在上述"三位一体"的教师培养方案中,要特别重视对教育专业学生教育教学能力和教育实践能力的培养,并针对这些重点培养内容而构建专门的培养体系。例如,在教育教学能力培养体系中纳入教学能力、科研能力、学科特长能力及教育管理能力等相关内容,以期提高教育专业学生的教育教学能力。而在教育实践能力的培养中,要充分发挥高校、政府及中学各自的职能,将各方面力量有机整合起来,循序渐进,逐步落实各项培养工作的开展(图3-6)。

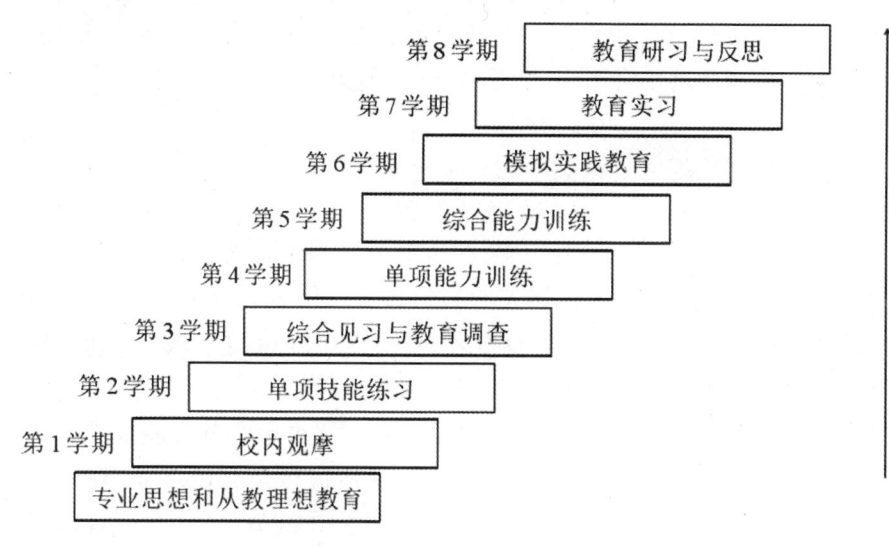

第8学期	教育研习与反思
第7学期	教育实习
第6学期	模拟实践教育
第5学期	综合能力训练
第4学期	单项能力训练
第3学期	综合见习与教育调查
第2学期	单项技能练习
第1学期	校内观摩
	专业思想和从教理想教育

图3-6 教育实践能力培养体系[①]

(三)完善课程设置

教育专业的课程设置是围绕教师专业人才培养目标与规格,从课程内容、内在联系、专业支撑作用、时间顺序等方面进行统整,科学分解专业思想、专业知识、专业技能、综合素质等方面的培养任务,将知识节点有机分析渗入到每门课程中。师范类高校在培养师资的过程中,不能片

---

① 崔文晶.卓越中学教师"三位一体"培养方案设计研究[D].山西师范大学,2016.

面追求复合型人才而忽视了师范性特色,而要在坚持人才培养的师范性的基础上兼顾人才培养的复合性,在课程设置中主要安排师范类课程,适当安排非师范类课程,以适应我国教育改革发展对教师人才的多方位需求。

(四)加强入职教育

被中小学招聘的教师也就是初任教师,在他们进入中小学正式上岗前所接受的培训和教育就是所谓的入职教育。之所以要对初任教师进行入职教育,主要是为了提高初任教师的业务能力,使其尽快熟悉学校环境,适应岗位工作,在教学中发挥自己的专长,提高教学质量。此外,开展入职教育也是为了稳定教师队伍,避免教师因适应能力差而逃避岗位。

地方政府要高度重视教师的入职教育,从制度、政策等方面予以保障,肯定教师的社会地位,关注教师的职业成长和发展,将相关单位及社会组织在教师入职教育中应履行的义务及肩负的责任确定下来,完善各项规划与细节,提高教师入职教育的质量。为保证初任教师能顺利接受入职教育,用人单位要适当减少新入职教师的工作量,使其有时间参与培训。需要注意的是,面向广大初任教师开展入职教育,并不仅仅是为了解决入职教师的适应能力问题,解决"当务之急",还是为了促进教师的长远发展,对其职业素养、综合素质进行全方位培养,提高其教育教学能力,使其在教师工作岗位上保持持久的战斗力,发挥自己的价值。

(五)注重职后培训

为进一步提升教师的专业素质,培养师德高尚、业务精湛、结构合理的高素质专业化教师队伍,对在职教师进行专业培训很有必要。在职培训要做好以下工作。

第一,完善培训制度,将培训与教师职称、学历学位、课题研究挂钩,强调培训过程和结果考核,从而使老师积极争取培训机会并认真对待。

第二,以教师的需求为导向,明确合理的培训目标、培训内容与培训方式。在具体实施中要体现出区域差异,如面向中西部农村教师培训时,选择培训内容和培训方式尽量"非城市化",要"接地气",深入开发本土特色培训课程,提高培训的针对性和实效性。

第四章

教师专业发展的模式：职前职后教育

> 教师发展不是一个自然的成长过程，而是一个连续不断的过程，其除了通过教师个人的努力，还需要其他教育措施给予教师发展相应的保障。而构建有效的教师专业发展模式显得非常必要，其是教师专业成长的关键。另外，随着时代的发展，教育不断变革，教师专业发展模式也发生了改变。本章就从职前、入职、职后三个层面来分析。

第四章 教师专业发展的模式：职前职后教育

第一节 职前培养：探究教师职前教育

一、教师职前教育的取向

（一）实践取向

自20世纪80年代起，人们就意识到，教师职业的专业性最终体现在其专业实践之中，脱离实践的做法只会使教师教育的路越走越窄。只有经过高质量的教育实践洗礼的师范生，才可能在教育教学工作的价值观和方法上表现出专业性，才可能在高深的教育理论和日常教学间建立联系。具备实践性知识和教学实践能力已经成为教师专业素质中极其重要的一部分。可以说，"回归实践"已经成为国际教师教育的潮流。

有学者指出，现代高校教师培养的重要环节就在于师范生的教育教学实践。而对于师范生们来说，在实习阶段，他们可以增强实践性知识，逐步形成职业品性、职业情感、职业态度。因此，这一阶段是他们作为准教师入职的重要和必备阶段，是教师教育中至关重要的环节。

（二）实习发展取向

在历经了几十年的教师教育改革后，教师的教育实习应从"行为主义"理念下的"示范模仿型实习模式"转向"认知心理学"理念下的"交互自省型实习模式"。在这种模式中，实习教师和实习指导教师之间由被动关系转向交互关系，在这种关系中教师通过自身的反思来实现专业成长。这种实习模式在美国形成、发展并趋向成熟，对法国、加拿大等发达国家的教师教育和教育实习产生了较大的影响。

二、教师职前教育的问题

（一）教师实习工作趋于"表面化、走过场"

教育专业师范生的实习阶段本就是教师培养培训的实质阶段。但在实际的教育实习过程中，实习准教师们由于"非生非师、亦生亦师、半生半师"的尴尬角色定位，也由于教育实习在课程设置中仍然处于较为"弱势"的地位，导致在教育实践中，高校的教师和师范生们对目前学校的实际现状无所适从，来自所在学校的指导教师和师范生们关系也呈现出机械化、模式化的特点。教育实习阶段本应是高校和所在学校之间深度交流的重要阶段，但二者之间的合作呈现出一种表面化、走过场的状态。

（二）实习工作随意性大，缺乏正规化和系统化

我们首先应该了解到，师范生对实习过程和实习效果是充满期待的。并且，师范生主观上会认为自己对实习有所准备，但由于实际经验的欠缺，实际上准备并不充分。

美国的一项有关教师教育实习的调查研究指出："大部分学生在参加实习课或教学实习活动时的心情都是紧张与激动参半，这很正常。这能帮助你（指实习生）意识到并非只有你总是在热情、激动、崩溃和焦虑之间摇摆不停。你可能会心慌意乱、夜寐不安、食欲缺乏，甚至这些感觉交互出现。每个人在开始一项结果难料的新体验时，复杂的心情总会如影随形。尽管如此，在开始之前，还是有一些方法可以帮助你缓解不安情绪，进而提高成功的机会。"

总的来说，教学实习课对于每个参与者来说都将是一次受益匪浅的积极体验。目前，准教师实习工作的随机、随意性仍然很大，缺乏正规性和系统性。所以，准教师的实习工作应该逐步正规化、系统化，以满足实习教师的需求，让他们对这个职业建立更加良好的认知和认同。

（三）实习工作的指导性有待加强

教师实习工作效率提升项目中的教师不仅指准教师，还包括参与指导一线的教师。也就是说，对于实习工作的指导，不仅是针对师范生们和即将踏入工作岗位的准教师，还要对参与实习指导的一线的教师进行"怎样对实习教师进行实习指导"方面的指导和培训。下面针对师范生和即将踏入工作岗位的准教师进行分析。

对师范生的实习指导应该从准备开始实习阶段开始，一直持续到实习的最后阶段。指导的内容包括这个过程中的方方面面。就拿实习之前的培训和指导来说，如果不对教育专业的师范生进行实习前的培训和指导，当师范生真正进入实习场域后，会出现角色定位模糊、实习目标不清晰、实习任务不明确、实习效果不明显等问题。就会"往往一片茫然、毫无准备地进入教育真实情境中。不少师范生会因此提出'我究竟是谁？''我该做什么？''我能做什么？''我怎么去做'的疑问"。因此，在实习前就应该进行有针对性的培训和指导，并且这个指导过程应该一直持续到实习结束之后。要提升教师教育实习的质量，就要对师范生这个准教师群体进行指导

总的来说，在教师教育实习的过程中，涉及的主要人员都应该各自明确自己的职责、分工和具体任务等，尤其是实习教师和实习指导老师。在教师培养培训模式中，高校的教育专业应该和实践基地联手，制定、编写指南、细则等，并由各自的主管单位纳入各自的考核评价体系之中。

三、教师职前教育的价值追求

（一）以实习教师能力的提升促进高校的人才培养质量

教师实习工作效率提升项目的一个核心价值追求就是提升实习教师的教育实践知识和实践能力。实践方面作为教育专业师范生素质的一个重要方面，它的提升无疑会大大提高师范生们的整体素质，使得师范生们在走上工作岗位后更容易获得工作单位的肯定及其他利益相关

共同体的认可,从而也就提升了高校的人才培养质量。

(二)以实习指导教师能力的提升促进所在学校的发展

教师实习工作效率提升项目中受益的另外一方就是来自一线的实习指导教师。指导实习教师的过程,会促进实习指导教师积极反思、总结自身的经验,有助于他们将自身隐性的教育经验性知识向显性的教育理论性知识转变。实习指导教师作为教师队伍的中坚力量,这样一种经验的升华和能力的提升会直接推动所在学校的发展。

(三)以教师教育实习工作长效机制的建立保障实习工作的高效开展

教师实习工作效率提升项目的探索和实施无疑是开发了一种高校和实践基地之间的教师教育实习的长效机制,这种长效机制的建立会从根本上保障实习工作的高效开展。

四、教师职前培养培训模式建构的基本步骤

一般高校鉴于自身实践与应用型人才培养的教育取向与特点,都会有自己的实训基地。除了校内建设的实训、实践基地外,更多地也会寻求与外部企业的合作。高校的教育专业往往也都有固定的学校作为其教育师范生的实践基地。而教育机构,为了自身专业人才的持续供给,为了教育质量的提高,也会积极寻求或乐于接受与职业院校的联合。在教师培养培训体系构建过程中,合作的高校与实习学校双方有可能之前就是联合关系,彼此相对"熟悉",也可能是基于发展需要"刚刚接触",彼此相对"陌生"。但无论是哪一种关系,也不可能在实现教师培养培训模式的构建中一蹴而就。

教师培养培训模式是要求高校与实习学校之间实现非常深度的合作与融合,因此,一体化的建构过程需要一步一步、有计划地循序渐进地进行。

美国心理学家卡根(Kagan)提出的高校教育学院和中小学校之间合作的六阶段,这六个阶段具体如下。

第一,形成阶段。在这个阶段,来自高校和中小学实践的人员开始

意识到教学实践中出现的问题,并通过合作这一途径来对这些问题进行回应。那些与问题直接相关或者受到直接影响的人们被吸收到合作中来,开始讨论一些理论。

第二,概念化阶段。该阶段的特征是界定合作的任务和具体目标。在合作团体中,各位成员们界定自身在解决实践问题中所承担的任务和担负的角色、责任。

第三,发展阶段。在这个阶段,合作的任务不再只停留在理论层面,而开始向实践层面转向。团体成员开始进行活动的调整,改组行政管理组织,提供政府政策参考,建立正式的传播系统等。

第四,实施阶段。实施阶段是实现合作、达成合作目标的关键阶段。在这个阶段,团体内所有成员都为了目标的实现而努力。

第五,评价阶段。这一阶段包括对合作进程的评估。在贯彻的各个阶段和各个水平上都要进行评估,最后进行综合。

第六,结束或者改进阶段。这个阶段是对前面五个阶段的总结,团体成员要回顾整个过程,找出问题和不足,然后着手改进计划的制定,进入改进阶段。

需要注意的是,卡根提出的这六个阶段并不是线性的、戛然而止的,而是一个循环往复、更好地提升教育教学质量的螺旋式上升过程。

本书在进行教师培养培训模式构建的过程中,借鉴上述相关理论,摸索出了循序渐进、按梯度上升的三个阶段:找问题,共选项目;寻契机,共同进步;互融合,共谋发展。

(一)第一阶段:找问题,共选项目

这一阶段是处在一体化模式构建的初始阶段。可以说,由于合作基础薄弱,可以从小问题入手进行项目的遴选与确定。根据教师培养培训体系的特点,高校可以追踪调查进入学校工作的毕业生的后续职业适应;学校可以总结发现教师入职后的职业发展情况。通过追踪"校"毕业生在实际工作中的情况,发现问题,共选项目。

很多初任教师有时纵有一身本领,却缺乏实践教学的技能、方法和能力。高校的专任教师们可以据此反思自身的课堂教学,高校教育专业也可以据此调整自己的课程体系。可以说,怎样提升师范生的实践应用能力既是高校非常关心的问题,也是教师队伍建设层面亟待解决的问题。实习学校的领导们也非常希望这些师范生在入职后能尽快适应,尽快提升,尽快解决遇到的这些问题。

(二)第二阶段:寻契机,共同进步

在有了第一阶段通过问题转化成项目合作的基础上,高校与实习学校双方寻找合适的契机,继续更加深入地合作与融合,共同进步。

当前,教师队伍存在的一个大问题就是人才严重流失。而放弃教师这一职业的根本原因在于职业认同度不高。怎样进行高校与实习学校一体化的教师职业认同培养培训,正是当前需要思考的问题。通过教师培养培训,加强加固教师对自身职业的认同度,才能有效防止教师队伍人才的流失。比如,在高校教育专业的师范生们入学之初,可以请一线教师进驻学校,分享做一名教师的职业幸福,提升师范生们对这个职业的兴趣和认同,帮助师范生们建立职业学习和规划的意识,强化指导师范生的学习与成才目标规划。这样可以让这些师范生、未来的准教师们,有强烈的意愿、幸福的憧憬和合理的规划去成长为一名优秀的教师。

(三)第三阶段:互融合,共谋发展

在上述两个阶段完成后,高校和实习学校之间的文化冲突趋于和谐与融合。在此基础上,可以通过共建双导师制等方式实现更加深入地互相融合,共谋发展。

双导师制并不是一个新鲜的事物,而是由来已久。教师培养培训模式实行的双导师制既符合一般意义上双导师制的做法,也具备自身的特点。也就是说,在教师培养培训模式中,以高校这一方的理论专家为理论学习导师,以实习学校这一方的骨干教师为实践教学导师。就职前培养来说,每一位师范生都配有理论和实践导师各一人。

高校的师范生们从入学开始就选择一名专任教师作为职业指导导师,选择一名骨干教师建立师徒关系,均对自己进行个性化的指导。一线教师选择骨干教师为自己的"师父",进行师徒结对的同时,也可以选择高校的一名教师作为自己的专业发展教师,对自己的职业发展进行跟进指导。

在教师培养培训体系中,这种双导师制有其自身的特点和创新之处:高校的导师在师范生毕业后会继续追踪指导,实践导师则不会等到实习,在师范生入学之初便会提前渗透。

在教师培养培训体系中,师范生的毕业并不意味着高校对他们培养工作的结束,而是一个新的起点,是他们职业发展支持的开端。在教育专业认证标准中,有着非常重要但又容易被忽视的一项内容就是"持续支持"。这一点要求高校教育专业对"毕业生进行跟踪指导服务,了解毕业生专业发展需求,为毕业生提供持续学习的机会和平台"。

五、教师职前培养培训模式建构的经验做法

教师职前培养培训模式实践探索的过程中,高校与实习学校双方都在彼此配合、彼此融入的过程中总结出了一些有效的经验做法,具体的经验做法如下。

(一)来自高校的管理与教学经验

1. 突出实践取向,强化实践育人

(1)实践教学贯穿师范生培养的全过程

首先通过实践教学贯穿师范生在校学习全过程的方式突出实践育人取向。以实习教学为例,教育专业学生实践教学包括职业认知实习、岗位认知实习和顶岗实习三个环节。

(2)校内实训仿真化、职场化

教育专业校内实训基地具有较高的职场情境和职场氛围,由高校与实习学校共同编制校内实训教学方案,共同开发一系列仿真性、真实性的岗位任务训练项目,让学生在完成实训任务过程中掌握教师职业技能。

(3)引导学生积极参加社会实践

高校和实习学校共同设计学生社会实践内容,让学生利用每个寒暑假去参加社会实践活动。通过社区服务、职场调查等社会实践活动,培训学生的职业意识、职业态度和职业精神。

2. 深化培养方式改革,推行任务驱动项目导向课程

（1）培养方式改革制度化

制定《教育专业课程教学模式改革意见》,以课程教学模式改革为突破口,推动人才培养方式改革。

（2）大力推行任务驱动、项目导向课程改革

将相关课程的学习内容分解、设计为一系列与实训相结合的任务,以任务驱动来达成学习的良好效果,实现项目导向的课程改革。比如《儿童文学应用与实践课程》,将学习内容设计为一系列儿童教育情景剧任务,每周布置一次实训任务,在下一次教学活动前,在教师指导下,由学生通过小组学习、自主学习方式完成任务,培养学生独立解决问题的能力。

（3）精心设计学生技能竞赛活动

高校和实习学校紧密合作,开发教育专业学生语言技能达标竞赛、声乐技能达标竞赛、舞蹈技能达标竞赛、钢琴技能达标竞赛、美术技能达标竞赛等技能竞赛项目,学生通过竞赛提高说、唱、跳、画等专业技能。

3. 加强项目管理、经费管理

高校高度重视教师培养培训项目的建设与管理,为保证项目能够按照专业建设发展方案执行,采取了以下三方面举措。

（1）健全项目建设组织机构

一些学校成立了"高校提升专业服务产业发展能力"项目和"高校和实习学校一体化教师培养培训"项目建设领导小组,成立了由主管校长督办、相应职能部门组成的项目建设管理督查组和项目资金使用管理组。

（2）建立配套规章制度

学校制订并出台了项目建设相关的管理办法,对从落实任务分解、组织实施到过程监控及项目验收的全过程进行规范管理。实行项目责任人负责制,学校相关管理职能部门进行过程监控和进度跟踪,对项目建设如期按进度完成起到了监督和控制作用。

（3）规范资金管理

学校制订并出台了"项目专项资金使用暂行规定",对项目建设资

第四章 教师专业发展的模式：职前职后教育

金的使用从开支范围到报销程序、从项目招标到合同管理等均进行了规范管理。

（二）来自实习学校的管理与培训经验

来自实习学校主要经验是充分利用和高校合作后的专业引领，让教师培训在许多方面都更有高度、更加规范化。

1. 给予有专业引领的"纵向式"同伴互助

20世纪末，国外学者们在检验、反思一系列校内、校外的培训效果时，通过研究发现，并非在资金充足的保证下，通过培训者不断完善和改进培训内容，再通过教师的认真参与和学习，这些培训就会起到相应的改进教师教育教学行为、改善和提升教育效果的作用。

例如，美国的一项实验研究的结果就出乎人们的意料：教师在接受培训后，能将学习到的新知识转化到自身教育教学实践中的比例不足20%。这项研究继续将参与一个为期三个月的在职培训课程的教师分成两组。

第一组教师不只是参加培训课程，而且会被引领着在校内进行同伴间的互助指导。

第二组则只是进行了课程的学习。

将两组教师进行比较研究后发现，在日常教育教学中能有效运用课程中学到的技能方面，第一组教师的比例达到了75%，远远高于第二组教师的15%。

此外，还有相当一部分的研究也证实了类似的结论。例如，同事间的互助指导要比单元式的工作坊效果明显。再比如，教师间的互助观摩和指导能够促进教师的专业发展等。因此，在高校和实习学校一体化教师培养培训项目的进程中要对教师给予有专业引领的"纵向式"同伴互助。

2. 联合进行案例教学，最大化发挥其作用

众所周知，教师培养培训中的一个难点就是理论和实践的脱节。因此，教育实习十分重要。除实习外，案例教学是有效连接理论和实践的桥梁。

案例教学法由来已久。早在古希腊、古罗马时代,著名哲学家、教育家苏格拉底所采用的"问答法"就是一种案例教学的雏形。而苏格拉底的学生,同样为希腊著名哲学家的柏拉图将这些问答整理为书中的例子,这些例子就可以看作是案例的雏形。案例教学有许多的优势。例如,案例教学克服了传统的、单一的知识讲授的弊端,能够帮助教师理解案例中蕴含的教育知识和原理。也正因如此,案例教学法反映的学习观是反对只满足于理论知识灌输的被动式学习,而突出实践能力本位。案例教学法的主要目的在于让学习者能够运用自身所学的教育理论知识去解决实际教育教学过程中遇到的问题。

在教师的培养培训中,案例教学法是经常被采用的教学方法之一。但在真正的教师培养培训中,案例教学的优势并未发挥到极致。从教师培养的职前教育来说,采用案例教学法的过程中,教师自身缺乏对案例"身临其境"的体验,却要让师范生们根据传递的这种"想象中的体验"去"想象和获得自身的体验",这会让案例的效果大打折扣。

从教师培训的职后教育来说,在采用案例教学法的过程中,虽然体验是鲜活的、丰富的,但教师们往往只是就着案例说案例,结果依然停留在案例的本身,没有上升到理论的高度,从而导致案例的效果就像听说了一个引起自身共鸣的故事一样,最终使案例的效果大打折扣。也就是说,案例教学法同时需要理论的提升和行动的跟进才能取得较为理想的效果。但在高校和实习学校一体化教师培养培训模式中,通过高校理论型教师和实习学校层面经验丰富的骨干教师的结合,可以使得案例教学既有实践层面深层次的体验,又可以从案例中收获一定的理论。因此,在高校和实习学校一体化教师培养培训模式中,要充分利用案例教学法,并通过合理的人员配置、有效的资源利用、适宜的共同体建构来使得案例教学法的作用得到最大化发挥。

六、构建合作体系,完善教师职前培养培训模式

(一)"U-S"——"高校-中小学校"合作模式

"U-S"(University-School Cooperation)合作是高校(University)与中小学(School)合作的简称,是高校和中小学合作的一种伙伴关系。这种模式最先在美国和英国产生,应用于职前教师培养,主要是指培养

第四章 教师专业发展的模式：职前职后教育

中小学教师的高校与中小学之间相互形成互利共生的合作关系，共同致力于师范生的专业成长和中小学教师的专业化。

1. 历史契机

高等院校教育理论研究的实践转向为"U–S"模式的构建提供了历史契机。20世纪六七十年代，美国进行了以课程改革为核心的基础教育改革。为了提高学校教育质量水平，设置和编制新课程成为高校与中小学合作的主要任务，以高校教育研究者为核心力量，与中小学联合开展了大量的教育行动研究。尤其是自1986年美国霍姆斯小组提出"教师专业发展学校"的理论构想后，欧美等一些发达国家率先开始进行实践推行和探索。可以说，从注重理论学习转向关注实践操作的教师教育改革趋势为"U–S"模式的发展提供了目标导向和肥沃土壤。促进"U–S"高校与中小学合作包括几个关键历史点。"U–S"高校与中小学合作模式产生首先是来自高等院校教育研究从"书斋式"向实践的转向。高等院校教育行动研究的增势不仅实现了教育研究的一种转向，并且对基础教育阶段的改革起到了非常大的推动作用。在这些行动研究中，"U–S"高校与中小学的合作关系初步建构，来自高等院校的研究者与中小学教师虽是不同的活动主体，却在开展行动研究的过程中跨界合作。

20世纪80年代，教育行政部门开始倡导中小学教师参与科学研究，从事教育科研工作。这样能够提升学校教育的质量，以适应世界教育改革的潮流，也能满足中小学校自身发展的要求。

20世纪90年代，随着社会学、人类学质性研究方法在教育领域内的再次兴起，以裴娣娜等学者为首的学者们纷纷注重实践中的质性研究。许多师范院校和高校的老师们开始走出象牙塔，不再只进行"书斋式"研究，而是与中小学校合作，开展实实在在的教育研究。

2. 国外模式构建

在各国尤其是美国积极探索旨在推进基础教育改革和发展的高校与中小学之间伙伴关系的进程中，形成了不同的"U–S"合作模式。其中以英国的伙伴关系学校（Partnership Schools）和美国的教师专业发展学校（Professional Development School）为典型代表。美国"教师专业发展学校"（Professional Development School, PDS）是以教师教育为根本，高校与中小学合作，实现教师的职前培养与在职教师职后培训一体贯通为理念的教师专业发展学校。英国"伙伴关系学校"(Partnership Schools),是强调高校与中小学校合作安排完成实习课程,通过中小学校教师的传帮带和实践活动来实现未来教师专业发展的职前教师教育实践模式。

芬兰"合作行动计划"(Cooperative Action Plan, CAP)是新手教师在工作场域中学习的一种实践模式,强调有效的教师学习是在工作场域中学习,是职后教师教育的一次实践探索。通过与高校建立联系,对教师进行为期一年的培训,主要包括管理者(校长)、指导教师和新手教师、教育专家(研究者)。计划分为四个阶段,教师学习的第一阶段和最后阶段为理论学习阶段,第二阶段和第三阶段为实践学习阶段。

美国城市教师驻校计划(Urban Teacher Residency,UTR 计划)是为改善美国城市学区普遍存在的教师流动与流失严重的窘境,奥巴马政府时期曾大力扶植并推行的一项旨在为师资紧缺城区学校输送师资的一体化教师培养计划,被赞誉为"美国城市教师教育的'第三条道路'",在全美推广普及。

例如,在 20 世纪 80 年代,美国讨论要为培养 21 世纪的教师做准备,积极改革师范教育和教师职业教育。他们认为,改革教育可以更好地应对经济危机。于是 1985 年 1 月,卡内基公司为了应对美国面临的经济挑战,建立了卡内基教育和经济论坛。担任此项目的公司主席汉伯格选择了企业家、州长、州教育总监、科学家和教育家等人员组成了工作小组,命名为"教育作为一种专门职业"工作组,致力于研究师范教育和教师职业的相关问题。1986 年 5 月,在经过了一年的调查研究和努力后,工作小组发表了一份《国家为培养 21 世纪教师做准备》的报告。报告主要提出了以下几点建议,为世界范围内的教师教育带来了一定的影响。

建议一:由持有教师资格证书的教师和教育专家、政府官员、学校领导、高校负责人和社会人士组建一个全国专业教学标准委员会。委员会的主要职责是建立一个教师职业较高的标准体系,并向达到标准的人员颁发资格证书。报告同时建议,将教师资格证书分为普通和高级两种。

建议二:要对学校进行改组,以增加教师的自主权,使之在专业工作上更加高效发挥;同时建议为教师配备教学辅助人员。通过这一系列改组学校的措施,为教师提供良好的教学环境。

建议三：要对教师队伍进行改组、重建，以教师自身的力量指导教师。意思是在教师队伍中，从持有高级教师资格证书的优秀教师中选拔、组织一支"指导教师"的力量，以指导和带动其他教师提升学术和教学的水平。

建议四：报告建议废除教育学士学位。报告认为，师范生在成为真正的教师之前，在接触教育专业的学习之前，应该有一定通识知识基础。因此，师范生要在获得文科或理科的学士学位后，再开始学习师范类专业研究生层次的课程，并取得教学硕士学位。

建议五：充分利用国家教育资源。通过国家资源的调动，培养少数民族青年从事教师职业。

建议六：提升教师职业的竞争力，规范教师职业的晋升体制。要让教师职业，包括其工资、晋升机会等与其他行业具有相等的竞争力。在规范晋升体制方面，建议将对教师的物质奖励与学生的学习成绩紧密结合起来。

3. 国内合作办学状况

英美等发达国家"U-S"合作模式构建为我国中小学教师队伍建设带来一定启示。具体来说，其为推进基础教育发展的教师专业发展学校模式构建，为我国中小学的改革与发展、教师队伍建设提供了一定的借鉴，为"U-S"合作关系构建提供了一定的参考。

例如，从2006年至今的十余年间，我国的教师教育工作者对"U-S"合作模式构建的典型经验——美国教师专业发展学校（简称PDS）进行了相关的研究。从2006年中国轻工业出版社出版的《美国教师发展学校》一书中对教师专业发展学校的全面、系统介绍，到2009年北京师范高校出版社出版的《教师专业发展研究》、2010年教育科学出版社出版的《重新理解教育：来自教师专业发展学校的报告》、2012年人民出版社出版的《在互动中促动专业觉醒：教师专业发展学校之本土化研究》、2014年云南科学技术出版社出版的《云南农村中小学教师专业发展学校的理论研究》中将PDS教育理念中国化的成果呈现，再到2015年华中科技高校出版社出版的《高校与中小学融合共生：教师专业发展学校建设研究》中对近些年来教师发展学校研究新进展的阐述，这些研究和专著都表明了学者们的基本立场：借鉴西方成熟教师教育经验是重要的，但是不能停留在此。我们要探讨的是如何才能将国外"U-S"合作的相关经验进行中国化和本土化,实现国内高校和中小学校的双赢。研究者们积极开展了"U-S"合作模式本土化的相关研究,取得了一定的成果。总体来说,我国的高校和中小学的合作呈现出"三阶段、三主体、三类型"的特点。

(1)"三阶段"

从国内各师范院校、各高校和中小学校之间的合作发展历史轨迹来看,大概呈现出了三个发展阶段。

第一阶段,从完全隔绝孤立到"游离式参与"阶段。

这一阶段存在于19世纪之前。在这个时期,高等院校的师范教育基本上可以说是完全隔绝孤立的两个体系。到了19世纪之后,受国际上教师教育思潮的相关影响,国内的相关研究者和教育工作者开始反思教师在实践层面出现问题的根源。于是,高校和中小学校开始从完全隔绝孤立过渡到"游离式参与",以各师范院校和各高校开始设立自己附属的中小学校为标志。例如,1871年,清政府执政阶段支持建立的地处上海的南洋公学就是一所同时拥有师范院(师范学院)、外院(小学)、中院(中学)、上院(高校)的学校。

第二阶段,从彼此观望试探到"走近式联系"阶段。

各附属学校的建立加强了各师范院校和各高校与中小学之间的联系,这给了曾经彼此孤立隔绝的双方一个观望、试探的机会。加上对教师教育实践知识和实践能力的提倡、社会对教师越来越高的期望和要求、国际"U-S"合作理论的冲击、英美等发达国家教师发展学校实践的影响,助推了我国各师范院校、高校与中小学校进入到"走近式联系"阶段。

第三阶段,从双方冲突频发到"走近式融合"阶段。

在开始"走近式"的联系与合作后,各师范院校、各高校和中小学校之间出现了一个双方冲突频发的现象。事实上,在人际交往和互动的领域,这是一种正常的现象。师范院校、高校和中小学校之间是不同的教育体系,教育职责不同,运行机制等都不相同,且由不同的教育部门管理,重点是在彼此磨合的过程中化解这些冲突,进入"走进式融合"阶段,才能实现真正意义上的合作。目前来看,国内各师范院校、各高校和中小学校之间的合作正朝着好的方向发展:在合作的方式上根据双方需要而不断丰富,在合作的内容上不断延伸和拓展,在合作的程度上逐步深入。

（2）"三主体"

随着各师范院校、各高校与中小学校之间合作形式的不断丰富及其合作需求的提高，现在的合作逐渐从"单主体"到"双主体"再发展到"三主体"。

① "单主体"

为什么说最早的合作中是"单主体"呢？从合作的意义上来讲，既然已经合作了，岂不就是意味着最少有两个主体的参与吗？在理论的应然状态下，确实应该这么理解。但是，从各师范院校和各高校与中小学校早期的合作中可以发现，双方在合作中出现"地位不平等"的现象。基本上师范院校和各高校作为一个较为"上位"的概念在指导着中小学的教育实践。这一点从上述南洋公学对其各个级别学校的命名也可见一斑（小学称为外院）。因此，可以说那个时候的"合作"还不能算是真正意义上的合作，而是呈现出"单主体"的特点。

② "双主体"

随着社会的发展和人们生活水平的提高，社会及广大人民群众对教师的期望和要求越来越高。在这样的时代和历史背景下，各师范院校和各高校开始反思自己培养的师范生为什么不能适应中小学校的实际需求、不能符合社会大众对教师的期望。提高教师培养质量也成为各师范院校和各高校的核心改革焦点。人们越来越注重教师的实际知识和实践能力，各师范院校和各高校不再只是"高高在上"地指导中小学教育的实践，而是也通过合作，从中小学校那里吸收经验，调整自身的教师培养课程体系等。也就是在这种情况下，各师范院校、各高校与中小学校之间才真正实现了"双主体"的合作。

③ "三主体"

"三主体"，在现在的文献资料里也有的称为"三方合作""中介合作"。现在"三主体"的合作已经成为办学的一种较为主要的形式。那么，为什么逐渐发展成了"三主体"的形式呢？或者说为什么要在师范院校、高校和中小学校之间引入第三方的力量呢？前文已经提到，师范院校、高校和中小学校之间是不同的教育体系，教育职责不同、运行机制等都不相同，且由不同的教育部门管理，曾经在彼此合作尝试的过程中经历了"冲突频发"的阶段。由于第三方组织机构通常会有比中小学更多的行政资源、资金分配权力等，它的介入可以更有效地保障高校与中小学校之间的合作，也可以承担必要的协调工作，有利于合作办学的顺利开展。

（3）"三类型"

根据第三方主体的不同，三方合作也分为了不同的类型，主要有以下三种：一是以地区为中介的"高校—区域—中小学校"模式，简称"U-D-S"；二是以地方政府为中介的"高校—地方政府—中小学校"模式，简称"U-G-S"；三是以教育行政部门为中介的"高校—地方教育局—中小学校"模式，简称"U-A-S"。

师范院校或高校和组织机构、中小学校之间的合作从教学和研究两个层面的实际表现形式来看，主要有三种：一是主要促进职后教师专业发展的"国培计划"及其类似项目；二是促进职前和职后教师共同发展的"顶岗实习—置换研修"项目；三是旨在促进职前、职后教师和中小学生发展的助推项目。其中包含有"课题挂帅的实验基地模式、专题讲座的理论培训模式、专业引领的校本研修模式、专业服务的校本研修模式和合作共同体的教师教育模式等不同的方式"。

总体来说，"U-S"（"高校—中小学校"）合作模式在借鉴国外先进理论和实践经验的基础上正在逐步地本土化，除了上述的一些教师在发展学校的本土化行动中研究积累了一定的经验外，一些研究者开始通过将"高校—中小学校"合作模式与中国国情和教育发展实际状况结合在一起看待这一模式未来的发展。例如，华东师范高校基础教育改革与发展研究所所长杨小微教授莅临湖北高校教育学院进行指导课题实践时，面向来自教育学系、心理学系和教育技术学系的师生做了一场题为"U-S协作中的学校变革机制探寻"的报告。在此次报告中，杨教授首先立足教育公平视角，深刻解读了人口大迁移的背景和城镇化的发展，指出"U-S"协作旨在使义务教育"有前提地'普惠'，有差异地'平等'，更优质地'公平'"。后来，杨教授围绕基教所的课题活动，从中美、中澳"U-S"合作模式的实践探索和基教所近期推进的"三大计划"两方面讲述了"U-S协作"的现状，进而介绍了"U-S"协作下的学校变革机制，即评估—咨询意义上的第三方介入机制、引资—研训意义上的多方参与机制和共创—共建意义上的多主体合作机制。在此基础上，杨教授从转变意义、优化关系、互动多元、开放系统的角度，构想了经由体制机制创新走向"教育治理现代化"的新景观。

不过从总体情况来看，全国大部分的师范院校、高校还停留在附设附属中小学校的层面，并没有过多地介入地方性、区域性的办学、展学计划和行动中,无论是合作经验还是相关理论的形成和分析都不足。

(二)"U-K"—"高校—幼儿园"互助模式

U(University)即培养教师的师范高校或师范学院,K(Kindergarten)即幼儿园。

1."U-K"专业实践共同体

"高校—幼儿园"专业实践共同体,简称"U-K"专业实践共同体,是高校与幼儿园基于合作共赢的目的共同建设的、有助于高校学前教育专业人才培养和教师专业成长的一种新型组织。

2."U-K"共生性合作人才培养模式

"U-K"共生性合作人才培养模式,即充分发挥和利用高师院校在幼儿教育理念与理论上的优势,以及幼儿园在实践方面的专长,将二者有机结合,形成一种互动机制,共同为提高幼儿教师的培养质量服务。

3."G-U-K"融园培养模式

教师"G-U-K"融园培养模式,G(Government)即政府职能部门,U(University)即培养幼儿教师的师范高校或师范学院,K(Kindergarten)即幼儿园,是一种旨在依托当地教育行政职能部门,协同高校、幼儿园、教育机构形成多方力量协同的卓越教师培养综合体。

越来越多的研究者认识到教育专业的职前教育和教师职后培养不应该生硬割裂开来看,而应该是有机统一体。例如,有研究者指出,幼儿教师的教育在职前、职后以及之间的衔接各个阶段都必须重视,且可以采用多样化的方法尤其是操作性的方法来促进成效的提升。在明确幼儿教师专业标准的基础上,要建立"职前职后一体化"的教育体系,建构合作互助平台培养模式。

对于职前学校教育和职后幼儿园培训,已有的一些研究从理论上分析了两者结合的形成机制,并进行了双主体联合培养模式的探索与实践,主要包括"U-K 共生性合作的幼儿教师培养模式""U-K 专业实践共同体""U-G-K 幼儿教师协同培养模式""G-U-K 融园培养模式""'三全育人'教育专业人才培养模式""'政行园校'育人共同体"等。

表 4-1 教育人才培养模式对比

	形成机制	实践探索
"U-K" 共生性合作的幼儿教师培养模式	幼儿园：高师学前教育专业的最佳实践场所 高师院校：可以为幼儿园的改进和提升提供指导和帮助	"U-K" 一体共同建立幼儿教师实践教学基地；"U-K" 一体共同开展幼儿教师的实践教学活动；大学教师与幼儿教师结对实现专业发展
"U-K" 专业实践共同体	幼儿教师是专业人员，其专业性发展伴随职业生涯的始终；"U-K" 专业实践共同体是有助于促进教师专业发展、提高队伍整体水平的专业组织	共享文献资源、共建实训基地、互派专业教师、推进科研互助、创建具有活力的运行机制。
"U-G-K" 幼儿教师协同培养模式	传统 "U-K" 合作形式由于缺乏外在监控，运行效率较低，存在 "协作体内各方主体定位偏差""协作体内合作渠道不畅""协作体内管理权责不明" 等问题	宏观保障——政府中介角色坚挺 多元方式——多维实践情境开拓 厘清认识——克服角色固化倾向
"G-U-K" 融园培养模式	美国 UTR 计划与 "C-U-K" 融园培养模式的内在耦合性	形成 "G-U-K" 三位一体教师培养管理体制；建立融园式卓越幼儿园教师成长共同体；建立健全 "校内+校外" 的个性项目化师资培育创新保障机制
"三全育人" 学前教育专业人才培养模式	习近平总书记提出全员、全过程、全方位育人的 "三全育人" 举措，有效推进高校育人体系构建，推动 "三全育人" 学前教育人才培养模式的构建	三体系：专业成长三阶段 "BAKA" 课程教学体系；"五习" 双导师协同实践育人体系；内外部结合全方位质量保障体系 三路径：以生为本，建立全员育人工作机制；关注学生发展阶段性需求，实现全过程育人；联结各方育人力量，努力实现全方位育人
"政行园校" 育人共同体	促进新时代学前教育事业发展的必然要求；实现全员、全过程、全方位育人的重要举措	打通多元育人通道；搭建育人合作平台；构建管理运行机制；打造产教融通团队；共建教学评价体系；共育核心职业素养；共创社会服务品牌

具体来说，高校与幼儿园之间的合作主要有三类：第一类是以提供专题讲座为主的短期合作；第二类是以课题指导为主的间断性合作；第三类是以驻园专业指导为主的长期合作。

第二节 入职训练：完善教师入职教育

一、教师入职培训

培训是一种有组织的、正式的学习活动，是继续教育的重要组成部分，是终身学习的一种有效途径。教师入职培训是有计划、有目标地组织教师参加与教育教学工作相关的学习活动，是一种教师教育过程。教师培训旨在改进和发展教师的专业知识、专业技能、专业态度和工作行为，从而挖掘和发挥教师的工作潜能，使教师适应教育改革和发展的需要，最终实现学校组织发展和个体专业发展的双重目标。根据教师培训的概念，教师培训即指有目的、有计划地组织教师参与的教育学习活动。教师培训是目前一线教师的一种重要学习方式，作为教师继续教育的重要组成部分，是促进教师专业发展、加强师资队伍建设的重要途径。

早期的教师教育只包含职前培养的阶段。随着社会发展速度越来越快，职前培养的内容已经不足以贯穿教师们的整个职业生涯。在职的教师们急需在岗位中继续根据社会的发展和教育的发展提升自身。于是，教师继续教育、在职培训等事物应运而生。在新中国成立的初期，随着教育事业的逐步恢复，就出现了师资不足的情况，急需补充人才进入教师队伍。为了解决这一难题，教育部提出通过开展师资短期培训来补充师资力量，这是教师在职培训在我国发展的雏形。我国教育部在1977年下发的《关于加强中小学在职教师培训工作的意见》中首次使用了教师培训的概念。

二、教师入职培训的内容

《实习教师指导手册》指出入职教师包括五大项内容："提前了解""积极沟通""示范引领""指导反馈""及时总结"。

（一）提前了解

了解自己将要指导的实习教师，不仅帮助实习教师们提前认识自己的指导教师，同时实习指导教师也借此机会提前认识和熟悉自己接下来将要指导的实习教师。实习指导教师作为指导者，对于双方互留联系方式等其他沟通途径的建立应该更加积极和主动。

了解实习指导工作的具体目标、内容和任务——在"实习工作任务说明会"上，实习教师们更好地了解实习工作的具体目标、内容和任务，并据此制定自身详细的教育实习指导工作计划。相对应的，实习指导教师在业务层面领导组织的相关说明会议中也要明确自己的实习指导岗位职责，明确实习指导工作的具体目标、内容和任务，并不简简单单就是传统意义上认为的安排实习教师帮助班级做环境创设等工作，双方都做到"有准备"，彼此才能互惠互利，有较大的收获。了解实习工作的其他注意事项和方法技巧，通过开展"实习指导工作动员会议及注意事项说明会"等方式，向实习指导教师们明确在指导过程中需要严肃注意的其他问题。

（二）积极沟通

积极沟通不仅是实习教师们融入入职学校这个新场域，并与新场域中的实习指导教师、实习学校领导、在职教师与家长等人物建立良好关系的有效途径，积极沟通还是指导教师有效完成指导的一个关键。通过沟通，指导教师能够了解到自己需要指导的这位实习教师目前的能力和水平，及其自身的想法、需求等。这样有利于双方协商，共同制定一个实习的总体计划。

同时，沟通能力在《教师专业标准（试行）》等文件中被反复强调。沟通能力是教师能力中非常重要的一个方面，实习指导教师们要在日常的工作中展示自己积极沟通的一面，如与自己学生的积极沟通、和学生家长的积极沟通、和同事之间的积极沟通、和领导之间的积极沟通等。当然，最重要的是和实习教师之间的积极沟通，让实习教师们感知沟通的重要性。这样也非常有利于准教师们提升沟通这项基本技能。

(三)示范引领

既然要求实习教师们通过在学校这个实习场域中认真观察分分秒秒发生的事情,以提升实践知识的获得和实践能力,因此,实习指导教师们就要进行示范引领。这种示范和引领同样要把握住自身所在学校一日活动各个流程的开展,集中教育教学和游戏等活动的组织等,同时还要注意,对实习教师的这种专业引领要有计划并体现专业水准。

(四)指导反馈

实习指导教师要对实习教师的各项工作进行积极地反馈和指导。最好的做法是首先明晰实习教师们在实习工作阶段规定的相关任务,如组织五大领域集中教育活动等。然后结合这些任务对实习教师进行指导,并在其完成后反馈并再次指导,形成一个实践知识和能力提升的螺旋式循环上升系统。

(五)及时总结

实习指导教师和实习教师们一样需要及时地反思与总结。通过高校和实践基地共同开展"欢送仪式""总结大会"等形式的总结仪式和工作会议,实习指导教师首先要对自身的实习指导工作进行认真梳理、反思与总结,还要引导实习教师回顾整个实习过程,帮助实习教师梳理自己的收获。

三、教师入职培训的"三大需求"

教师入职培训体系模式构建必须要符合以下几个需求,并实现这几个需求之间的有机统一。

(一)从需求主体来说

教师入职培养培训模式的需求主体包括高校、入职学校和其他利益相关共同体。从需求主体来分析,教师入职培养培训模式的构建,一是要符合并满足高校自身的发展需求,包括高校专任教师的工作、学习与发展需求,高校教育专业课程设置改革的需求,高校提升人才培养质量的需求,高校教育提升专业培养质量、提升专业品牌知名度、提升就业率的需求。二是要符合入职学校发展的需求,尤其是新教师专业发展需求、教师队伍建设需求。其他还包括入职学校教育质量提升与发展的需求。三是要符合社会或者当地对教育人才的需求。

(二)从教师教育转变趋势来说

现在我国的教师培养和培训不再由师范院校单独承担,而是呈现出一种多元开放的格局。这种多元开放正体现出以下三个转变。

第一个转变,从教师总体上的供求关系来说,已经逐步从数量满足向结构调整转变。

第二个转变,对教师的学历要求方面,已经从学历达标向学历提升转变。

第三个转变,对教师素质的要求已经从单一的技能型人才向研究型、专家型教师转变。

以上这三个转变主要针对中小学教师,但这些转变趋势对不同阶段的教师同样适用,这三大转变带来的需求也是教师入职培养培训模式应当追求的。

(三)实现机构一体化

造成职前和职后教育分化、孤立、各说各话的根本原因在于,就目前我国教师教育来说,职前教育机构和职后教育机构是分立的,而这种分立是造成职前、职后脱节的主要原因之一。师范院校、高校等负责职前教育部分,地区性教育学院和教师进修学校负责职后培训。为了扭转这种局面,必须以政府为牵引,实现这些机构的一体化。这里的一体化并非指高校和教育学院、进修学校、入职学校的完全合并,而是必须达成一种深度的联合状态。

(1)管理体制一体化。在这个问题上,有学者建议,要建立以高校为本位的教师职前教育和教师职后培训一体化的管理体制。类似于上述的机构一体化,对于两个机构,要实现管理体制完全的一体化也是不太现实的。但是基本要求是要达成在教师培养培训和专业化发展支持方面的一体化,如一体化的教师成长档案建立等。这样才能使两者能够协调配合、紧密合作。

(2)师资队伍一体化。师资队伍一体化是指为合理配置和有效利用资源,高校师资和教育学院、教师进修学校师资及其入职学校的实践层面师资互相分享的方式。

(3)课程内容一体化。根据教师专业发展的整体进程合理设置各个阶段的课程,实现课程内容上的一体化,让教师的成长和专业化更加高效,不走弯路。

四、教师入职培训的策略

(一)增强保障性

1. 平等、信任的文化建设

有效的教师入职培养培训模式,首先要建立平等、信任、分享合作的文化氛围。以往高校和中小学、幼儿园之间合作趋于表面化的一个重要原因就是来自两种机构文化的格格不入,也提到了来自一线的教师由于感受到了地位上的不平等而消极参与合作项目甚至拒绝参与等。只有信任、平等文化的建设,才能促使双方真正实现坦诚相待、真诚分享,才能实现双方资源利用的最大化。在教师入职培养培训模式中,只有所有成员互相信任、互相尊重,每位参与成员感受到自己被信任、被尊重,才能确保每个人真诚地奉献自身的经验和智慧,在工作的过程中才能感受到身心的愉悦。否则,成员将不乐意或拒绝分享,而使得教师入职培养培训模式的作用被大大抑制,事倍功半,达不到预期的效果。

2. 各项保障机制建立

要进行持续的、长期的合作,还要充分考虑到高校和入职学校属于不同的管理体制,分别要面临不同的具体情况,因此,需要建立必要的保障机制,以确保在不可预期的问题出现时,合作能够继续进行。在这些保障机制的作用下,高校和入职学校联手才能打造出不断研究与学习的氛围，不仅加强了高校教育专业师范生和经验丰富的骨干教师之间的联系和交流，也加强了一线教师与学术人员之间的联系与交流，使两个场域连接之间都形成一种开放的、不断吸收与学习的共同体。

例如，为了保障高校和幼儿园之间持续的、密切的合作，以实现教师入职培养培训，高校层面从管理、考核、奖励等方面制定了详细的保障制度和实施办法，包括《教育专业教师幼儿园挂职实践管理办法》《幼儿园兼职教师聘任管理办法》《学前教育专业兼职教师资源库更新办法》《教育专业"订单班"组建与运行管理规范》《教育专业"订单班"人才培养方案制订的原则意见》《教育专业"校·园"合作开发教材管理办法》《教育专业"校·园"共建实训基地管理办法》《教育专业校外实习基地建设管理办法》《教育专业"校中园"管理规范》《教育专业学生顶岗实习管理办法》《教育专业"校·园"合作考核与奖励办法》《教师园长交叉兼职津贴发放办法》12项管理运行机制文件。从幼儿园层面来说，也制定了《幼儿园对接高校原则意见》《幼儿园接受高职院校挂职领导管理办法》《幼儿园接收高校实习生管理办法》等管理制度文件。

3. 领导者的核心领导力提升

卓越的领导力是一个项目是否能够成功实施的关键。在教师入职培养培训模式中，启动构建双方合作关系的人往往都是高校和入职学校的核心领导人。领导者必须具备卓越的领导力，了解并熟悉双方在教师培养培训方面存在的基本问题；同时具有高效的决策力，能够提出合作的可行方案和遇到问题时的合理解决方案；还应具备良好的组织力，在合作方案实施的过程中，不断通过良好的组织，促进高校和入职学校之间合作关系不断趋于成熟，使两个组织部门不断发展出凝聚力。

鉴于卓越的领导力在教师入职培养培训模式建构中的重要作用，核心领导者们还应该具备先进的教育理念、迎难而上的勇气和决心、坚韧不拔的优良品质等。卓越的领导者自身还必须首先坚信和秉持互信、互惠、互利、平等的合作原则，并渗透给教师们和参与者们，这样才能促成高校和入职学校之间持续的、深入的合作，才能最终形成教师入职培养培训模式。

（二）提升可行性

"C-K"与"C-G-K"的最大区别就是政府层面参与的程度相对小。这虽然会使模式的构建和落实难度加大，但也因为没有过多的外部条件操控，会使模式的构建和实践更加灵活。可以达成共识的一点是，教师入职培养培训虽然是一个涵盖方方面面内容的庞大系统，但在一体化模式的建构中需要从"胡子眉毛一把抓"转向"以项目为抓手"的各个击破模式；需要从小处着眼，以项目（或者课题、问题）为抓手，进行专业实践共同体的建构。这样才能在无过多强制性措施的条件下，最大限度提升可行性。

1. 大目标下的小任务分解

第一个有效提升灵活性和可行性的方法是将教师入职培养培训模式的大目标分解成具体的小任务。这些小任务可以体现为以下的形式。

（1）明确主题

在实践的过程中，抓住契机，从具体问题、任务、需求入手，明确项目主题。

例如，可以先根据合作双方的实际情况，选择一个亟待解决的问题作为近期的目标，从而明确主题。

（2）人员选拔与动员

鉴于以上三个方面的阻力，在高校和入职学校之间进行"校·园"一体化模式的探索与实践，就首先要进行动员工作。只有来自高校的专业教师和来自入职学校的一线领导、教师态度上认可，行动上才会积极参与。

（3）专业共同体建构

专业共同体的建构就是在高校与入职学校的小团队组建。每个具体的主题可能会在人员的需求上有所不同和侧重。因此，当主题明确后，首先根据主题的需求选择进入专业共同体的成员。其次，根据实际过程中的动员情况，最终确定可被纳入专业共同体的人员，实现专业共同体的建构。

（4）方案制定

主题和人员确定后，就可以着手进行方案的制定，并依据方案逐步实施，以尽快解决现实中遇到的问题。当然，制定的方案并不是一成不变的，会根据实施的反馈进一步调整，反复进行方案的敲定。

例如，在制定高校与入职学校双主体人才培养方案后，首先通过校内外专家论证，然后再选择教育专业的某一个班级进行试点工作。在试点班级，学校和教育机构都以主体身份进入"订单班"学生的培养过程，由双方共同承担教学任务、共同进行考核评价。在试点的基础上，学校继续修订高校与入职学校双主体培养方案，并长期开展。

2. 大基础上的小步骤突破

教育部教育司原司长王定华在《启动实施师范类专业认证，夯实新时代高素质教师培养基石》一文中谈到教师培养问题时指出，教师队伍的培养，要"在重大的历史交汇时期，发扬成绩、直面问题、突破瓶颈、砥砺前行"，才是正确的选择。教师入职培养培训体系是在以往的高校与中小学校、高校与幼儿园的合作培养模式中发展而来，一次性就达到完美的或者预想的一体化教师教育效果也是难度巨大的。为了提升可行性，就应该是一个大基础上的小步骤突破。即在现有的成果基础上，实现一小步、一小步地突破，通过"实践—反思—再实践—再反思"的样态，逐步地、螺旋式地提升。具体做法包括四点：一是发扬成绩，即总结现有基础；二是直面问题，以问题为抓手确立下一个具体的解决方案；三是突破瓶颈，即通过方案实施，实现小步骤的突破；四是砥砺前行，即延续这种做法，并通过不断反思和不断改进，追求更大的突破和提升。

例如，以高校和幼儿园为例，可以分为以下的小步骤进行突破和提升。

（1）发扬成绩。目前在教育师范生的教育实习方面的基础是：一方面，充分保证了学前师范生的实践时间，包括教育见习、教育实习、教育研习等环节，保证满足不少于18周的要求；另一方面，大力配置发展了实践基地，基地尽可能囊括公办、普惠、民办等形式，多多联合全国知名连锁品牌幼儿园和省五星级、四星级优质幼儿园，以保证实践基地数量、形式上的丰富和质量上的优越。基地的数量要符合《培养新时代大国良师——普通高等学校师范类专业认证工作指南（试行）》中规定的小于20∶1的需求，即每20个实习生配备不少于1个教育实践基地，以保证能提供适宜的教育实践环境和实习指导，满足学前师范生们对教育实践的需求。

（2）直面问题。目前教育师范生在教育实习方面遇到的问题如下。

第一，课程安排密集，学前师范生课业压力紧张，实践活动效果不理想。

第二，实践活动时间虽然充裕，但师范生的实践目标意识不强，往往以体验为主，到达实践基地后，也就是在幼儿园里走马观花一般，没有收到较高的效益。虽然教育实践的时间达到了大于或等于18周的要求，实习生数与教育实践基地的比例也小于20∶1，但实际的效果却只停留在教育见习的程度，教育实习不够深入，教育研习更是缺失。

（3）"校·园"共育，突破瓶颈，砥砺前行。"校·园"一体化教师培养培训模式的实践教学环节由学校教师与幼儿园有实践经验的一线教师对实习学生进行长期共同指导，帮助实习学生将在学校学习的专业知识与在幼儿园的实践内容有机融合、前后贯通，真正成长为理实一体，有知识、有能力、能"动手"、会思考的"准职业"人员。

再如，高校与幼儿园一体化，共研五大领域教学。幼儿园教育中的五大领域：健康、语言、社会、科学、艺术教学能力是高校教育专业师范生培养和教师专业能力提升共同关注的话题。共同需求是合作的起点，为深度合作和融合提供了可能。

（1）发扬成绩

高校：充分重视，保证相关课程的学习、时长和学分等。

幼儿园：充分重视，通过园本培训、教研、测试等落实《3—6岁儿童学习与发展指南》的五大领域。

（2）直面问题

高校：虽然开设充足的课程，但师范生入职后大部分仍然存在五大领域实践教学能力不足的问题。

幼儿园：虽然相关幼儿园原本培养和教研搞了很多次，但是效果一般。为了督促教师的继续学习与提升，多次组织《指南》五大领域考试。一部分教师认为这种考试应该是在学生时代做的事情，让他们这些"年龄"大了的人去学习和背诵书本知识、去考试，简直太折磨人了。虽然也有一部分教师们在考试中表现优异，但"背下来"的《指南》五大领域在实践中却不会运用。

从上面的描述可以看出，问题主要在于理论知识的学习要得其法，死记硬背是没有效果的。应该发挥高校教师专业性的优势，指导师范生和一线教师在学习的过程中自主学习、自主思考、自主发现、自主建构理论体系；其次，问题出在理论知识的学习需要实践运用指导，这就要发挥幼儿园实践基地的优势，让经验丰富的骨干教师或者业务领导层对实习的师范生和一线教师进行实践指导，以理论结合实际，最终提升五大领域的教育教学能力。

（3）突破瓶颈、砥砺前行

通过高校与幼儿园合作，教师"五大领域"教育教学能力提升的培养培训模式体系构建，将幼儿园健康、语言、社会、科学、艺术五个领域的活动设计与实施落实为师范生和幼儿园一线教师们五大领域活动设计与实施的相关知识和能力。

3. 大集体下的各岗位体验

在教师入职培养培训模式中，高校的领导和专业教师、幼儿园的领导和一线教师、教育的师范生等人员同在一个大集体中。大集体下的各岗位体验指高校教师走下讲台，走进工作岗位；高校学生走出教室，进入讲台，这种岗位体验、情景教学引发的思考会深远影响高校的教育教学改革，加快学生职业成长步伐。策略具体包括以下做法。

一是角色转换，通过岗位体验、情景教学加强师生职业认知。以往的研究和实践中都发现，幼师教育的师范生往往角色模糊，尤其是在实习和刚入职阶段。虽然从第二学期开始的保育见习到第六学期的顶岗实习全过程教育，大大缩短了学生新入职后的职业适应期，能够帮助新入职的师范生们快速成长为合格教师，但仍需要形成"在校学生"和"准教师"角色反复转换的人才培养过程。

二是师资互聘，打造"教师园长化"和"园长教师化"的教师、园长交叉兼职的双师素质与双师结构教学团队。高校选派专业带头人、专业骨干教师以教学园长、教师挂职锻炼，有计划地安排任课教师以教师身份到入职学校顶岗实践。

例如，以高校与幼儿园的合作为例，实现教师园长化，园长教师化，打造双师结构教学团队。在教师入职培养培训的模式构建及实践过程中，总结出"教师园长化，园长教师化，打造双师结构教学团队"的有效经验。具体做法如下。

一是完善《教育专业教师幼儿园挂职实践管理办法》《幼儿园兼职教师聘任管理办法》《教师园长交叉兼职津贴发放办法》等规章制度，从制度、机制上确保高校与幼儿园交叉兼职。

第四章 教师专业发展的模式：职前职后教育

二是选拔培养专业带头人。专业带头人通过参加国内外培训、到幼儿园担任教学园长等途径，使专业带头人能够掌握教育专业发展动态，具有引领教育专业发展的能力。

三是选拔培养骨干教师。通过参加国内外培训、到幼儿园担任教学园长、到国内开设教育专业院校考察等途径，使其能够承担专业核心课程建设和教学工作，提高社会服务能力。

四是选择培训幼儿园兼职教师。以幼儿园园长、教学副园长、学科负责人为主体，建立兼职教师资源库。加强对兼职教师的教学技能培训，确保其有效完成教学任务。

（三）促进深入性

1. 知己知彼策略运用

教师入职培养培训模式中，高校与入职学校双方要从割裂到衔接再到融合，需要双方充分了解和熟悉彼此。只有经过充分的熟悉和深入的把握，双方才能真正做到"你中有我、我中有你"的融合。要做到深入熟悉，有两个方面的具体做法。一是高校的专业教师通过在入职学校的挂职、驻园、开展培训和教研等形式充分理解和体验教师教育教学的现状及其具体的专业发展需求。二是入职学校的骨干力量走进高校进行交流甚至任课，通过与高校教师的交流和对师范生学习现状的把握，清晰掌握教师的具体从业要求，有助于加强在职教育的规范性。

2. 反思性经验生成

在教师入职培养培训模式中，要及时反思关系，总结经验。以某一段时间为节点，如每个学期末，引领教师重新回顾整体目标，总结在这个合作的过程中，哪些内容在教育实践的改进中发挥了重要的作用。通过对合作经验的回顾与讨论，可以帮助教师充分认识到合作的作用、自身参与的价值。这样，有利于教师持续积极参与合作，参与教师入职培养培训的相关项目，并通过贡献自己的智慧获得自身的专业发展。

第三节 职后培养：发展教师职后教育

一、教师专业化发展中职后教育的意义

（一）教师的专业化发展需要开展职后教育

我们知道教育教学工作是一项兼理论性、知识性、实践性和经验性于一体的工作，这就决定教育教学能力提高是一个相当长、需要不断学习、不断接受教育的过程，这就要求教师注重专业化发展，不断学习，否则在教育过程中可能出现教学素养跟不上时代发展的步伐的情况。因此，教师应坚持不断学习、不断接受教育。职后教育是教师进入岗位一段时间后对其进行的继续教育，它并不是对少数不合格教师才有价值和意义，而是一种达标、合格教育，对每个教师来说都具有重要的意义，它是教师专业化发展的需要。

（二）教师教育改革需要开展职后教育

近年来国家越来越重视教育改革的实施，教师作为国家教育改革的重要实施者，其本身素质的高低会直接影响教育改革实施的效果。因此，近年来我国也十分重视教育改革，意在通过改革教师教育来不断壮大师资力量，推动教育改革的实施。教师教育改革在实施的过程中，除了要求不断提高教师的各项素养、更新教师教育观念，还十分重视教师的继续教育，即通过职后教育来提高教师的各项素养，使其能跟得上时代发展的步伐。

二、教师专业化发展中职后教育的策略

从教师个体的专业化发展需求看，职后教育不仅要满足他们的学历教育需求，更要满足以新理念、新知识、新技能为主要内容的业务提高

第四章 教师专业发展的模式：职前职后教育

需求；不仅需要帮助他们更新知识与观念、提高技能与能力，还需要增强其科研、创新的意识与能力。具体来看，在专业化发展进程中，开展教师职后教育可从以下几方面入手。

（一）完善教师继续教育制度

继续教育是面向学校教学以后所有社会成员特别是成人的教学活动，是终身学习系统的主要组成部分。它的教学安排是依据社会和大众需要展开的使受教育者更新知识、提升创新能力和个人素质、提高社会成员受教育水平为意图的教学活动。教师以教书育人为本，这一职责不仅要求教师要有丰富的知识和德行修养，而且要求教师要紧随时代发展的步伐，具备先进的文化素养。因而，教师必须及时更新自己的知识，不断充实和补充职业发展最新内容，这是教师完成自己的使命、获得专业发展的必然要求，也是教师职业化的重要内容。因此，在当前深化教育改革、提高教育质量的背景下，如何有效地组织与实施教师继续教育，促进教师专业发展，提升教师综合素质，进而提高教育质量，是我国教育改革过程中一个亟待解决的问题。近年来，我国已经越来越重视对教师的继续教育，但要想真正推动教师继续教育，还需要不断完善教师继续教育制度。

（二）开展多种形式的教师职后教育活动

从我国教师职后教育的情况来看，长期以来教师参与的职后教育活动都是统一制定的、单一式教育活动，但事实上，教师职后教育的需求各不相同，这些教育活动不可能满足不同层次教师的需求，这就要求根据他们的不同情况为其提供多元化的职后教育活动，以满足他们多样化的需求。面对"多样化"的培训诉求，教师职后教育组织者可按照具体培训对象的需求，研发项目、定制课程、设计活动；教学内容、教学方法和组织形式，要以工作需要为导向，为教师提供学校教学改革发展中所需要的内容，服务于学员专业生涯的持续发展，为他们的素质提升提供"增值"服务。

具体来看，在实践过程中，应从校园实践情况以及战略展开需求出发，依据教师职业岗位的实践需求和教师队伍的实践情况及各类人员的改变等特点,进行不一样层次的教学和培育,在训练内容上做到"缺什么提高什么,需要什么学习什么",学以致用、学用联系。例如,对农村教师和城市教师培训的内容和形式就不应该"一刀切",而是要根据各自的特点和面对主要的问题进行有针对性地选择和设计。在时间安排上,许多农村中小学教师在暑期有夏锄的任务,所以尽量在寒假多安排一些内容。

三、发挥导师制作用,推进教师职后培训

(一)导师制与双导师制

随着经济发展,社会对人才的需求逐渐转向专业能力较强的专业型人才,其不但要具备科研能力与创新能力,还要有一定的实践能力。因此,既需要理论学习又需要实践体验,便对专业型人才的培养提出了更高要求,这推动双导师制引入高等教育领域,并得到重视与发展。

双导师制一般指的是高校校内导师与一线企业、医院、中小学等校外导师共同指导本科生或研究生。但在学术界和政策实践层面,对双导师制定义中导师数量的解读尚存争议。一种理解即是政策中规定的两位导师,另一种理解则认为双导师制不仅指数量上的两位导师,也可以依据具体情境和具体情况扩展形成数量不等的导师组负责制。例如在英国巴斯高校教育学院,实习师范生的导师分为两组四位:一组是学科教学教师,包括巴斯高校的学科教学法导师和实习学校的学科指导教师,这两种导师共同负责实习生的学科教学工作;另一组是教育与专业学习教师,包括巴斯高校的教育与专业导师和实习学校的教育专业指导教师,这两种导师共同负责实习生的教育与专业学习课程。这两组四位导师彼此协作,共同对实习生负责。

也正因为对双导师制的理解不统一,才导致双导师制实施起来因地制宜、因校制宜,可谓百花齐放、百家争鸣。借鉴双导师制在不同专业领域、不同高校的具体做法,总结一套长效的实施机制,确保双导师制有效推行,这便是本书的研究目的。

（二）导师制的历史渊源

1. 西方高等教育领域导师制起源

名义上的导师制有着漫长而悠久的历史，最早可能出自荷马史诗《奥德赛》。故事中的智慧女神雅典娜（Athena）可被视为导师的原型。她为奥德修斯（Odyseus）的儿子忒勒玛科斯（Telemachus）提供保护、教导和指引，教给他智慧。雅典娜身上具备导师的基本品质，表现出导师的多重角色，包括教练、教师、监护人、保护者以及父母等。这些角色和品质依旧被现代导师制沿用。

如果再往源头追溯，有学者认为牛津高校导师制的基础可溯至苏格拉底（Socrates）的"产婆术"，而苏格拉底的教学风格又是继承于古希腊并且发扬、贯穿整个西方教育传统。从历史上看，苏格拉底通过产婆术的教学方法，培养了一大批具有独立思考意识和批判性思维能力的公民。从现代视角来看，苏格拉底的产婆术在教学实践中事实上就是某种导师制形式，只不过苏格拉底的这种形式是非正式的导师制。而牛津高校的导师制则把苏格拉底的非正式导师制进行了课程化、职业化、制度化、正式化，在形式上越来越成熟，逐步传承演变为近现代高等教育领域的一项重要制度。

因此，可以认为，产婆术启发了导师制，牛津高校导师制也继承了产婆术的这种核心思想，其优点也在于培养学生批判性思维，教会学生独立思考和探究，而非简单地进行"传道授业解惑"等知识传授。导师制的重点在于导师培养学生质疑、分析、比较和探究能力，而非通过导师权威的独断自上而下来运行。相关实证研究采用访谈法和观察法，结果也表明牛津高校导师制确实提升了本科生批判性思维能力的各个方面。

肇始于牛津高校的导师制是基于精英教育背景下培养精英人才的一种教学模式，然而时过境迁，在高等教育逐步走向大众化的今天，这种模式本身也在逐渐发生变迁，如导师制利益相关者的双方都在剧烈变化。尤其是在我国，高校录取率逐年递增，一方面，本科生日益增多，导师带学生的数量也不免急剧增长，生师比例过大导致一对一的导师指导几乎不可能，一对多的团体指导等小规模教学在现实中越来越常见；另一方面,作为导师制的另一方利益相关者,由于外部科研压力过大或对导师指导工作态度不端正等主客观原因,导师花在指导学生上面的时间和精力都在锐减。因此,本书探讨导师制在新时代的长效机制便具有了时代价值和现实意义。

2. 中国高等教育领域导师制起源与发展

牛津高校导师制给我国近现代高校人才培养提供了巨大启示。1917年,蔡元培任北京高校校长后,他积极倡导"思想自由,兼容并包"的方针并大力推进教学体制的全方位改革,即废除年级制,全面采用学分制,同时引进了导师制。此后,国内许多高校纷纷效仿。

1937年,浙江高校校长竺可桢基于当时中国高等教育制度只重知识传授、轻品格修养的弊端,积极在浙江高校推广试行本科生导师制,坚持师生互选的原则,为本科生配备导师。受条件限制,一名导师大约需指导十余名本科生。在导师制的指导内容上强调品格修养、指导次数上规定每学期至少十余次等,取得了良好的教育教学效果,在当时影响不小。他认为导师制有如下优点:一是教学侧重于导师的指导与启发;二是师生关系和谐融洽。

1938年至1944年间,当时的政府教育部先后颁布《中等以上学校导师制纲要》《实施导师制应注意之各点》《切实推进导师制办法》《中等学校导师制纲要》等相关政策文件,发挥了纲领性的指导作用。例如,1938年3月1日,当时的政府教育部公布《中等以上学校导师制纲要》,其中规定设"导师"训导"学生思想"。统一的规章制度出台后,国内其他高校如清华高校、武汉高校、厦门高校等也纷纷开始试行导师制,并结合本校实际拟定实施细则。这一时期的导师制"在一定程度上确实起到了促进高等教育发展的功用,使学校的教育效能得以提升"。但由于当时国民党"党化教育"的加强,政府对导师制实施监管,导师制训育化与政治化趋势越来越明显,引起师生对导师制的强烈不满并开始抵制。由于当时高校机构之间、师生之间的矛盾越来越激烈,导师制最终于1946年7月被废止。

1949年新中国成立后,我国全方位学习苏联经验,各类高校收归国有,高校管理模式也开始效仿苏联实行"学年制",取代了"学分制",因此导师制未能得到进一步发展。

20世纪80年代,高校扩招,招生规模和数量急剧扩大,学年制越来越不能满足高校对人才培养的要求。而学分制具有灵活的特性,有利于优秀人才脱颖而出,伴随着学分制的实施导师制也随之重新兴起。以武汉高校、浙江高校、北京高校等为代表的一大批高校在部分院系乃至全校尝试实行本科生导师制。

（三）教师教育中的双导师制

教师教育导师制具有不同于医学教育、工商教育、法律教育等其他职业的独特之处,皆因学校教室情境和课堂文化是教师教育的常见场域,故导致师范生的教育实践和专业教学实习的起止时间等组织安排与其他职业教育存在差异。

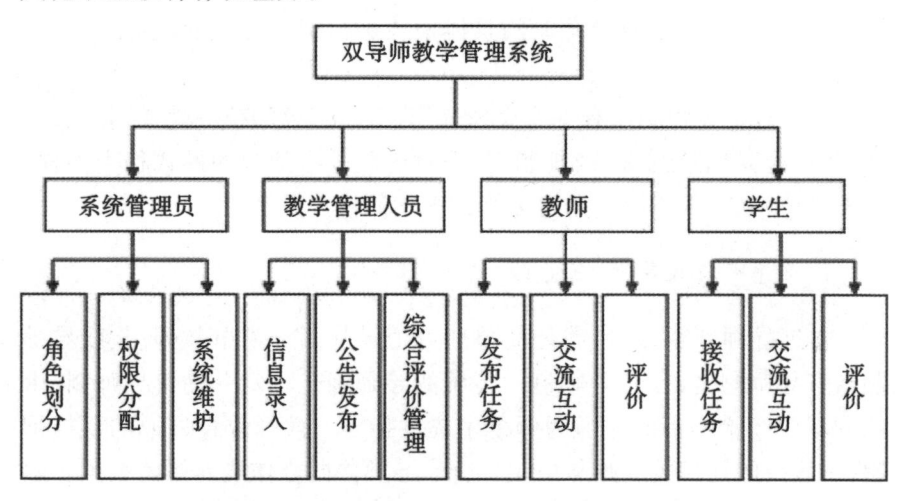

图 4-1 双导师制 Web 系统功能模块结构图

事实上,现代师徒制或导师制也在教师培养和培训中应用了较长时间,并日益发挥重要作用。需要注意的是,教师教育中双导师制的应用与实施不仅限于职前教师培养,还在刚毕业工作的新教师等入职培训及职后培训上发挥着重要作用,有助于解决新教师招聘和留任问题。有研究发现导师制的有效指导是影响新教师留任的一个重要因素,也是激发有经验教师追寻完整的教学职业生涯的重要手段。只不过本书研究主题聚焦在教师教育中的职前教师培养问题上,较少涉猎职后教师培训领域的双导师制。本研究中的"双导师制"特指在高校与地方政府、中小学"三位一体"协同培养的新机制指导下,由高校教师和中小学教师联合组成,各方"权责明晰、优势互补、合作共赢"协同培养师范生的教师教育制度。

(四)教师教育导师制模式细分

双导师制最常用的模式是一名学生配两名导师:一名校内导师,负责指导学生的理论知识,又称"学术导师"或"专业导师";一名校外导师,负责指导学生的教学实践,又称为"实践导师"或"职业导师"。尽管较多研究者已达成共识,职前教师培养应广泛吸纳和聘请中小学优秀骨干教师作为师资主体之一,但在政府、高校和小学"三位一体"协同培养小学教师的改革指导框架下,突出实践导向,改革实习实践教学的旧模式,对导师制甚至双导师制的具体模式进行细分与厘清,也是一项有意义的挑战。

教师教育导师制没有一个全球通用、全国一致的统一模式,各国、各省、各校也是因地制宜、因校制宜、因材施教。导师制的模式种类多样,并不是单一的,从不同视角可分为许多不同模式。

1. 单导师与双导师、三导师

根据导师数量多少,我们简单地可把导师制分为单导师制、双导师制与三导师制,甚至多导师制。传统的导师制是一对一的单导师制,由该领域中经验丰富的教师为师范生提供指导。教师教育领域的双导师制,一般指的是高校导师与中小学合作导师协同合作培养职前教师。除了高校导师、中小学合作导师之外,若再进一步将辅导员、班主任、中小学校长、各级教育行政部门的教研员及相关专家,甚至高校导师所在课题组内的博士研究生助研或助教等角色逐一纳入导师制,便形成了三导师以及多导师制的情境。

2. 全程一贯导师制与实习期导师制

根据导师指导活动集中在师范生培养的某一培养环节还是培养全过程,可分为实习期导师制和全程一贯导师制。教师教育领域传统的导师制一般指实习期等教育实践环节的指导活动,而随着卓越教师培养计划的全面实施,为贯彻政策要求,贯穿实习前、中、后全部培养环节的全过程导师制,越来越深入人心。

3. 一对一导师制、一对二导师制、同伴导师制与团体导师制

一对一导师制是传统的导师制模式,一位导师配一位师范生;随着导师制研究与实践的不断深入,导师身份和角色也不断发生变化,出现了较多导师制变式,如一位导师带两位师范生的一对二导师制;师范生及其同学也能彼此互相指导、互相帮助的同伴导师制;多位导师指导多名师范生一起完成指导任务,或言之,一组导师指导一群师范生便构成一个指导团体的团体导师制。

4. 专家导师制与同伴导师制

传统的导师制一般是指由经验丰富、德艺双馨的专家承担导师角色和职责指导。但也有例外,导师制并不总是需要高超的技术专长才能成功。在许多情况下,导师的个人素质会产生很大的不同。成为一个好的倾听者至关重要,能够鼓励和创造机会来实现隐藏的天赋,并希望帮助人们发展和成功。此时,一个善于倾听并提供帮助的好同学通常也会被邀请成为导师,形成同伴导师制,甚至师范生彼此之间相互指导。

5. 正式导师制与非正式导师制

根据是否有意设计导师制,可分为正式导师制与非正式导师制。非正式导师制可以被看作是一种自发地、非正式地、随机地建立起来的关系,没有任何计划、结构或管理。比如,基于特殊兴趣和共同目标,在专业和个人方面建立合作的师徒关系。导师和学徒之间的讨论往往超越专业问题,更倾向于分享当前的个人问题和兴趣。与之相反,正式导师制涉及一些正式的行政结构,以最大限度地发挥其干预力量,从而提高教育环境中的教学效果。一般正式导师制具有明确的设计意图、具体的时间表,会进行导师匹配或导师指导技能培训,来促进建立和维持富有成效的指导关系。比如,职前教师教育领域中常见的实习期导师制。

在每种模式中,导师指导、导师反馈以及师范生的反思性实践,对于学科教学技能训练都具有重要作用。值得注意的是,对导师制的这些二分法、三分法甚至多分法,有可能会使曾经连贯、连续的教师教育实践彼此脱节。但笔者认为,从知识生产的角度而言,这些对导师制模式的细分,在理论上对于深入理解导师制的概念仍是有益的。

（五）教师教育导师制的优势与局限

1. 优势

教师教育导师制一方面具备了本科生导师制的共同优势，有助于导师全方位了解师范生的学情。例如，在教学方式上重视个别指导、因材施教、言传身教、循循善诱，在导生关系上善于营造平等、合作、宽松、自由、和谐的人际关系，在教学内容上理论与实践并重，德智融合。另一方面，也具有教师教育学科独特优势，能够实现用一线卓越教师造就未来的卓越教师。例如，导师制有助于将学科教学的知识和技能、理论和实践整合起来，将教育教学理论付诸行动，在行动中检验所学理论。

指导好师范生掌握有效教学的理论与实践知识，是教师教育者长期面临的困难和挑战之一。教师教育导师制的一大优点恰好就在于授人以渔，不是授人以鱼，即通过导师言传身教来传授技能、讲解教学技巧，而非仅仅教会学科教学的知识，不仅限于传道授业解惑，从而培养师范生对教师职业的自信心、自我效能感、归属感、获得感。导师制，尤其是双导师制，便成为这一"技能传授"理念实现的核心环节。

教师教育导师制优势还在于提升师范生教学能力，训练师范生的教学反思能力，提高师范生的反思深度和反思层级，提高实习工作效果。教学反思是教师专业发展的重要指标，双导师制在培养师生教学反思方面颇有成效。新时代卓越教师培养应聚焦在师范生教学技能习得和发展上。

除了知识与能力这些智力因素的提升，导师制还能提升师范生的自信心和自我效能感，督促师范生更努力；对减少职前教师的焦虑以及提高他们的个人和专业知识、信心和技能至关重要。因为导师通过差异化教学和评估技术来满足不同能力的学生的需求。

教师教育导师制实施期间，导师指导经历、导师对师范生的支持，与教师职业认同、职业承诺、职业信念和职业满意度密切相关。导师制能为师范生在乡村小学任教做好准备，实现"下得去、留得住、教得好"的目标。可见，导师制对于师范生的身份建构具有关键作用。

第四章 教师专业发展的模式：职前职后教育

上述篇幅重点探讨了导师制对职前教师的优势，但对于新任教师的职后培训和培养而言，导师制同样具有积极作用，主要表现在：提升了新教师的教师职业认同和留任率、改进了新教师的课堂教学实践、提高了新教师所在班级学生的学业成绩。

2. 局限与挑战

纵观国内外，双导师制这个制度也并非没有任何缺陷。例如，在财政紧缩的政策下，导师制实施的成本在逐渐增加，尤其是在教师培养机构中导师队伍资源短缺，学生数量庞大而导致的生师比例大。目前教师培养机构无力承担给每名学生配备一位相应研究方向的导师的任务。

此外，有研究访谈了8名师范生、8位高校导师及7位小学导师，通过应用主题分析（applied thematic analysis）发现，导师制存在五大问题如下。

①给师范生的教学机会较少。师范生没有适当的教学机会，束手束脚。要么被要求按照既定教学计划授课，不许尝试新的教学想法，要么被要求过高，表现得像真正的教师，而不是实习生。

②导生沟通不畅。小学导师总是批评实习生，很少表扬，导生关系紧张，彼此不信任。

③小学导师自己的讲课、班级管理存在问题，无法给实习生做出榜样表率。

④小学导师对实习师范生的角色认知有误，将师范生当作他的帮手，做一些与教学无关的杂事。

⑤小学导师不放心实习师范生独立上课，打断实习师范生的教学计划。

不负责任的导师依然存在，学生随之产生抵触情绪、厌学情绪等不良情绪，以及不配合、不沟通行为，沟通无效、低效，日积月累，成为导师制顺利运行的一大障碍。

此外，导师制实施起来耗时耗力。例如，在实习期间，师范生很难抽出时间备课、授课和反思。如果导生关系不健康，也会让导师制实施起来雪上加霜。例如，导师制也会导致人际关系紧张，要么导生之间会有更多摩擦，要么师范生会对导师过度依赖。

导师制对于师范生的身份建构虽然具有关键作用，尽管大多数导师是认真负责的,能够给师范生提供持续而又细致的指导反馈,与师范生建立牢固的导生关系,但不负责任的导师如果进行消极指导,则对师范生的身份建构造成伤害。有研究表明,16位导师中,有14位比较负责,但仍有2位并不负责。

但正因为有种种局限和不足,才推动着本研究立足我国现实,结合高校自身实际情况,深入挖掘创新导师制的长效机制和实施模式。

第五章

教师专业发展的实践：反思与合作

> 反思性实践在教师专业发展中被认为越来越重要，很多学者一致认为教师通过不断反思自己的教学经验，从经验中学习。教师在教学实习期间学会教学的各种授课方式方法，更多的就是通过反复探索、反复尝试、反复训练获得各种教学经验。在教师专业发展中，知识构建的一个重要渠道便是教师与教师之间一起合作，一起反思。本章具体分析教师专业发展的实践问题。

第一节　以学校为本位：积极展开校本培训

一、校本培训的内涵

校本研究是以教师教育者在教育教学中遇到的实际问题为研究的起点，换言之，校本研究中的"问题启动"指向意味着教师教育者所研究的"课题"来自学校教师教育者自己的教育教学实践。就校本研究来说，其研究的问题不但直接来自广大教师教育者的教育教学实践，而且还贯穿于他们的教育教学全过程，研究的出发点和落脚点都是为了教学问题的解决。

二、校本培训的具体途径

（一）校企合作途径

校企合作理念是应社会所需，将学校的人才培养与市场紧密接轨，与企业高效合作，实践与理论相结合的全新理念。在这种理念的指引下，越来越多的职业院校将校企合作提上重要日程。它们通过与企业之间建立合作的教育"双赢"模式，注重学生在校学习与到企业实践的结合，实现了学校与企业资源、信息共享，达成了人才培养的实用性、实效性、高质量。聚焦到教育行业，由于教育师资的短缺，校企合作培养教师也成为一种主要模式和路径。

早在1986年，美国卡内基基金会的《国家为21世纪准备教师》中指出："为教师职业准备的最好环境是一所联系中小学、幼儿园和大学的临床教学学校。"

2017年10月18日，习近平总书记在十九大报告中指出"优先发展教育事业""完善职业教育和培训体系，深化产教融合、校企合作"。

党中央和国务院在就如何育人问题进行重大决策部署时也曾经指

出，高等教育必须落实立德树人这一根本任务，深度融合政府、学校和行业企业等各育人主体。校企合作的基础就是寻求合作的共赢点，除政策支持外，企业参与校企合作可以获得专业指导、技术服务、资源平台支持、行业发展信息动态、人才储备等方面的赢利，高校参与校企合作可以获得专业建设、师资队伍建设、教师企业实践、学生企业实习等方面的赢利。

教师队伍培养培训模式研究正是基于校企合作"共建共赢"的理念引领。学校在开展专业建设、课程建设、专业师资队伍建设、外聘师资队伍建设、校外实训基地建设、技术服务开发、学生实习等教学工作时，应结合当地学校特点，努力形成百花齐放、各具特色的良好校企合作格局。校企结合自身学校规模、师资状况、发展需求有计划地进行探索性的校企合作，如提出订单培养计划，由校企共同研发制定订单教学内容；提出师资培训需求，由校企共同研发校本培训项目；提出其他技术支持需求，由校企共同研发给予技术支持等。

对于校企合作途径的分析，首先需要弄清楚"校"与"企"。"校"指的就是学校，而"企"指的就是企业或"行业界""工业界"，因此校企合作就是学校与企业的合作。

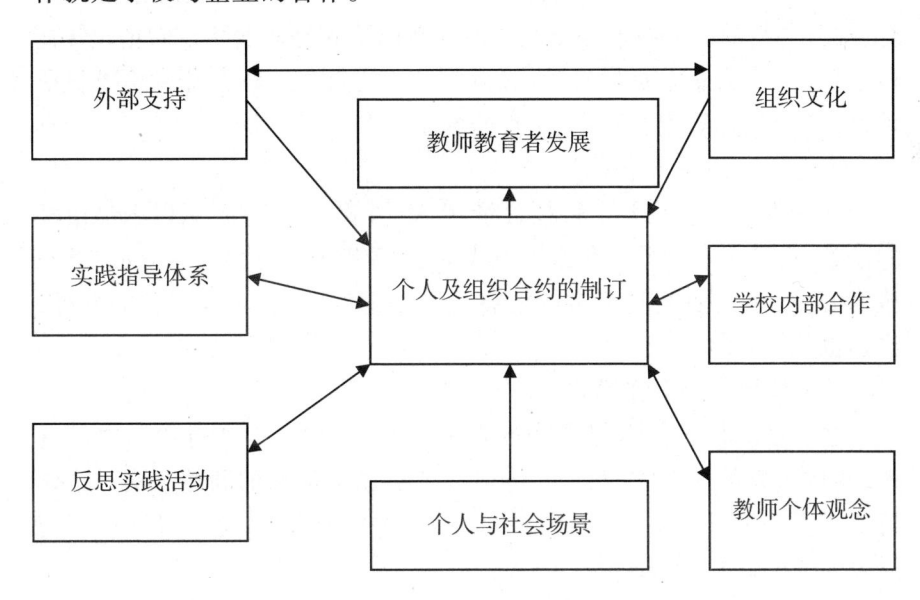

图 5-1 校企合作途径

（资料来源：孟丽华，武书敬，2015）

1. 校企合作模式

（1）基于不同目标导向的模式

王章豹教授根据校企合作目标导向的不同，将校企合作模式分为如下四种。①

①人才培养型合作模式

这一模式是企业根据市场需求与自身特点，同职业院校展开订单式培养模式。在人才培养上，很多校企建立了合作关系。

一方面，职业院校可以利用科研条件，为企业培养定向科技人才与管理人才，这一定程度上可以解决企业人才匮乏的问题。

另一方面，企业可以运用先进的设备，为职业院校提供实习基地，这也成为职业院校培养人才的重要内容。

采用这一模式，职业院校主要是为了提升学生的创新与实践能力，企业则是为了迎合市场与生产开发高素质的创新人才。这一模式的特点在于以合作教育作为手段，通过定向模式为企业培养人才。

②研究开发型合作模式

这一模式使校企双方以科研为突破口，促进双方科技与经济的结合，提升各自的企业技术创新能力。一般的形式是职业院校向企业转让科技成果，或为企业提供管理、技术咨询；校企之间联合开发重要科研项目；校企共建联合实验室、工程研究中心等。

③生产经营型合作模式

这一模式使校企开发科技含量高、附加值大的产品，用以满足市场的需求，提升企业效益。在这一模式下，职业院校一般以技术入股，参与技术开发，个别职业院校当然也会注入一定的资金，实现双方的共赢，当然也共担风险。

④主体综合型合作模式

这一模式使校企双方合作的目的具有多向性，即通过深层次的合作，实现培养创新人才的目的，同时还能够获取最佳的利益。这一合作模式不是一对一的合作，而是一对多、多对多的合作，这一模式便于建立较大的产业园、科技园。

---

① 王章豹，祝义才.产学合作：模式、走势、问题与对策[J].科技进步与对策，2000（9）.

（2）基于不同主体作用的模式

李焱焱等根据校企合作的主体作用不同,将校企合作的模式分为以下三种。[①]

①企业主导型校企合作模式

这一模式是企业为了与市场需求相符合,一方面要不断提升企业自身的研究能力,另一方面还要寻找学校进行合作。企业占据主导地位,并承担着相应的科研风险,职业院校的技术创新活动围绕着企业的需要展开,其研发形式、研发内容往往是由企业做决定的。

②学校主导型合作模式

职业院校凭借自身的技术、人才从事创新工作,成熟之后可以将技术转让,提供给企业尤其是中小企业,实现技术从成果到利益的转化。在这一模式下,职业院校占据主导地位,对研发内容、合作等起着决定作用。

③共同主导型合作模式

这一模式中,校企是平等的关系,并不存在谁主导谁的问题。二者以利益作为纽带,以契约作为依据,发挥各自的设备、技术、资金等的优势,共同开发、共担风险、利益共享。由于这一模式减少了技术向市场转化的步骤,因此这一模式是最直接的校企合作模式。

2. 校企双向服务机制

校企共同修订完善《校企合作实施办法》《科技特派员工作管理程序》等文件,运用职业院校的人力资源优势以及先进的设备,与企业共创集生产、科技、人才、应用等为一体的运作体系,形成校企共赢的局面。

校企双向服务的内容包含如下几点。

第一,依托校企合作办学理事会,发挥职业院校自身的职能,依托企业行业优势,运用教学资源,建构优势互补的双向服务机制。

第二,建设专业课程与资源。校企双方应该从市场人才需求情况出发,共同开发专业课程,建立能够将职业能力培养凸显出来的课程标准。企业也需要提供相关的行业技术、职业资格标准,运用自身的素材,

---

[①] 李焱焱等.产学研合作模式分类及其选择思路[J].科技进步与对策,2004(10).

对校方的教学资源库加以丰富。

第三,实行订单式人才培养。在招生之前,校方与企业签订办学协议,展开订单式人才培养模式。校企双方共同制订课程标准、人才培养方案,专业课由学校的教师进行讲授,企业负责学生的实习,学生毕业后直接参加工作,满足企业的需求。

第四,进行科技开发合作。校企双方进行各个层次、类型的科研开发,校企联动参加行业活动,双方将各自的优势发挥出来,与地方特色相符的各个行业展开深层次合作,争取地方政府的支持。

第五,校企双方合作构建双师队伍。可以聘请一些专家或者技术人员,来担任兼职教师展开教学,承担一部分的实习培训工作,也可以为教师举办培训班,深化他们的学习机能。

(二)校本教师培训

校本教师培训是在教育专家指导下,由学校和教师发起组织的、围绕着学校教育教学发展、改革中所遇到的各种实际问题,利用一切可以利用的教育资源,促进教师教、学、研的统一,从而实现教师专业发展的培训模式。

1. 强调教师自主学习

学校青年教师专业发展实质上是其进行自我定向、自主学习、自主发展的动态过程。因此,要实现学校青年教师自身专业的发展,需要促进其形成实现自身专业发展的自觉意识。在进行校本培训的时候,要尊重教师的自主性理念,促进教师自主发展,并为教师的自主发展提供有利的资源、条件和引导。

2. 加强教师间的互助合作

在校本培训中,改变了传统培训中培训者高高在上、受训者被动接受培训的局面。校本培训建立在对校内培训资源的充分利用的基础上,而且每位教师都有自身独特而又宝贵的教学经验。为此,通过搭建教师间合作互助的平台,促进教师间交流、分享教育教学经验,整合和重建各自的经验背景,促进自身专业的发展。

3. 重视同行专家的指引作用

虽然校本教师培训的核心理念在于倡导自主学习、推动合作互助。但是专家的支持和引导，又具有重要作用。为此，要大力倡导以老带新的"导师制"，对新教师实行"一帮一"的指导活动，从而极大地促进学校青年教师专业发展。重视专家的引领作用，还应该重视发挥专家的"教学督导"作用，对上起到"参谋""反馈"的作用，对下进行"监督""指导"。

4. 注重组织制度保障机制建设

学校应该积极建立"教学发展中心"，对教育资源进行整合，为教师提供教学支持，提升教师的教学质量，推动校本教师培训的开展；将有关教育教学、教师培训的标准、要求等规范化、制度化，对学校青年教师专业自我发展进行严格管理等，实现其专业成长。

三、校本培训实施的控制

自校本培训规划正式进入实施阶段后，一定要及时收集有关培训活动实施的相关资料，全方位地剖析开展现状和培训规划间的实际距离，并且在此基础上深入剖析形成距离的本质性原因，以便采取可行性举措来纠正偏差，与此同时要持续跟进和落实培训规划。培训实施的控制过程，如图5-2所示。

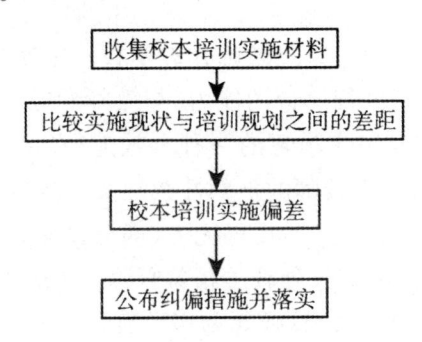

```
收集校本培训实施材料
        ↓
比较实施现状与培训规划之间的差距
        ↓
  校本培训实施偏差
        ↓
  公布纠偏措施并落实
```

图5-2　培训实施的控制过程

第二节　在反思中成长：注重教学反思

一、教师的反思性特征

反思性不仅仅是一种属性，而且还是行动的内容。反思不论是个人层面还是行动的模式化层面，都是对已经发生的事件进行检视的过程和结果。对于教师的专业能力，一般有两种认知倾向和争论。到底教师是作为"技术熟练者"还是"反思性实践者"的身份存在于教学专业活动中。对教师专业属性的明确定义以及相对应的专业角色的定位，对教师专业发展有重要意义。

教师专业发展一直是教学研究中的关注点，但是从相关的研究具体内容来看，研究的侧重点基本上都在探讨教师某种教学素养和能力的养成。教师的自我反思是教师作为专业教学人员所应该具备的一项重要能力。教师通过对从不同教学情境中所获得的经验进行反思，可以有效地促进教师的自我发展。有效的专业反思需要教师深入理解反思性教学的实际内涵，对于语言教师来说，反思应该是由一系列的批判性思维活动所构成的循环，并不断地通过反思来指导教学事件，这样有助于教师成为自身教学活动的评估者。与教师的反思性教学能力发展息息相关的，就涉及教师对于教学现场的实践经验的学习以及对各种资源的利用能力的发展。行动学习是指教师在教学行动中通过对教学现场的理解并结合自身经验而进行决策的能力，与教师专业能力发展息息相关。行动学习作为教师现场式学习的一种有效途径，可以有效促进教师的多维专业能力发展，提高教师的批判性教学反思能力。教师的教学事件无论是其实际的教学决策还是反思能力，都与教师对于与教学相关的资源进行利用有关。教师与各种教学相关资源之间的关系，被很多研究者认为是一种互动式的关系，教师既利用已有资源进行教学，同时也是教学资源的创造者。这种互动式的教师与资源之间的关系方式对教师在教学实践中的能力发展，特别是教学设计能力有重要的影响。从概念表面上看，这种理念与英国社会学家安东尼·吉登斯的结构化理论有了呼应,但似乎还是有将资源作为独立于教师之外的某种客观性的存在,并特别关注教师与这种客观资源之间的互动关系模式。

对于沟通行动在教学活动中的作用,有学者认为交往行动有助于多元共生教学思维模式的形成,并促进新型教学方式。也有研究者认为权力的赋予有助于加强对教师个体层面的关注,有助于教师在教学行动中生成专业认同,形成专业共同体,促进教学行动和教师专业发展。

二、教师进行教学反思的意义

教师进行教学反思,是以教学活动为对象,对教学中的教学方法、策略、手段、效果等进行全面审视、全面回顾和重新认识的过程。通过教学反思,教师能够产生新的更合理的教学方案与实践活动。

教学反思的本质在于实现理想与实践之间的对话,它是理想自我与现实自我进行沟通的桥梁。这里的"反思"是一种内省活动或者独处放松时自己的冥想,是需要教师认真努力进行的有目的、有系统的深刻批判与反省,与一般的反思有一定的区别。教学伴随着整个教学活动的始终,对整个教学活动进行监视,对自身的教学经验进行分析和总结。

教师对在校学生的影响主要为学术影响,教师在教学中表现出来的认真、严谨、实事求是的学术态度,能够在潜移默化中影响学生。因此,教师有必要加深自己的学术知识,提高自身的人格修养。学术知识更多地表现为理论的总结和专业知识修养,但教学要求教师具有将自己所知教给学生的教学能力。教师只有在经验中学习,培植反思意识,适时更新教学观念,发现、解决问题,打破陈规,使自己逐渐成长为一名优秀教师。

另外,教师专业成长是一个持续不断的过程,因此教师要不断地观察、反思、自我审视,以促进自身的不断发展。实践表明,每位教师的教学都会不可避免地存在与教育教学目标错位的现象,教师通过认真思考教育问题,能够更好地完成教学目标。

随着高等教育的发展和教育改革的不断深入,教师经常会面对一些新的教育思想、手段与方法等"新事物"。这要求教师不断更新自己的知识结构,调整情感和意志,掌握反思、研究教学的能力,形成对教学工作有帮助的理论、新观念和思想等,给自己一次认识教学经历的机会,不断提高自身的教学水平。

三、教师教学反思的主要特点和内容

（一）教师教学反思的主要特点

教师的教学反思在目标上直接着眼于教学行为的改变,而不是为了获得某种知识。从根本上说,教学反思关注的是在实践中运用知识,形成教学反思能力,改善教学行为。

教师教学反思的内容,要实现陈述性知识与程序性知识、现有知识和新知识之间理论与实践的结合。同时,它不仅仅关注所倡导的理论,更重视理论的实施及行为的结果。

教师教学反思形成方式多为实践性的,需要在实践中不断地练习以形成较高的反思能力。对于教师来说,要重视对教学技能的反思和教学策略的反思,从而不断促进教学质量的提高。

（二）教师教学反思的主要内容

第一,对教学观念的反思。教师要提高教学水平,使教学更富针对性,需要进行系统理论学习,反思教学观念,促进教育观念的深层次更新与转变,以利于更好地教学。

第二,对教学设计的反思。在这一反思中,教师要检查自己的思路,及时调整自身存在的不适当观念和行为。教学设计要因人、因材而异,要尊重学生,建立民主、和谐的师生关系,营造良好的学习环境等。

第三,对教学过程、自身教学行为的反思。教师进行的各项反思内容,最终都需要通过具体的教学过程来实现。因此教师要重视对教学过程、行为的反思,找出其中的优缺点,以使教学获得更理性地改善,使整个教学过程有序进行。

第四,对教学反馈的反思。这要求教师采取不同途径对教学活动中学生学习各方面的情况进行信息收集和反馈,在此基础上开展分析研究。

四、加强教师教学反思,促进其终身发展

教师的教学反思主要是其在教育教学过程中所遇到的难题和困难,这些难题可大可小,通过教师的自我反思能顺利解决这些难题,提高教学效率。教师作为教学反思的主体,反思的成效主要是由教师在教学反思中的积极性和主动性决定。其次,作为一名教师,其具有多学科的知识,因而进行教学反思的同时要注重不同学科间的相互联系,采用多种方式进行教学反思,如教师互相评价、组织专家讨论、写教学日记等,提高教师的综合素质和专业能力。此外,教师的自我反思很难做到深刻且全面,要加强同事之间的对话和交流,认真听取来自他人的意见,以便对自己所出现的问题有更全面、更深刻的了解,真正将教学反思作为提高专业发展的重要途径。教师在反思的过程中,不断更新自己的知识,结合最新的教育政策,加强学习各方面的知识,掌握多学科的知识,从而为全科教学打下坚实的知识基础。因此,作为教师自身要有主动进行教学反思的行为,这样才能加快其专业化发展的速度,提升其专业化发展的质量。

教师在进行教学反思的过程,也是一个贯彻终身学习理念的过程。教师作为知识的传授者,首先自己要有渊博的知识,而教师对掌握的知识有更高要求,即需要多门不同学科的知识,因此教师更需要通过不断学习,掌握更多的知识,只有这样才能承担得起全科教师的责任。当今社会的飞速发展,使得知识更新的速度不断加快,教师要与时俱进,紧跟知识更新的速度,通过各种形式,如参加网上学习等,不断扩充自己的知识体系,学会将新知识与课堂教学联系起来,提高学生参与课堂的积极性,在提高教学效率的同时,促进自身专业化的发展。

第三节 在合作中发展：构建教师学习共同体

一、学习共同体的内涵阐释

学习共同体可以被称为一种特殊类型的共同体。这一概念是以共同体的概念为基础形成的。

我国学者卢强还从课堂教学的视角对学习共同体的内涵进行了重新审视，并从有形场和无形场这两个层面建构了学习共同体。具体如图5-3所示。

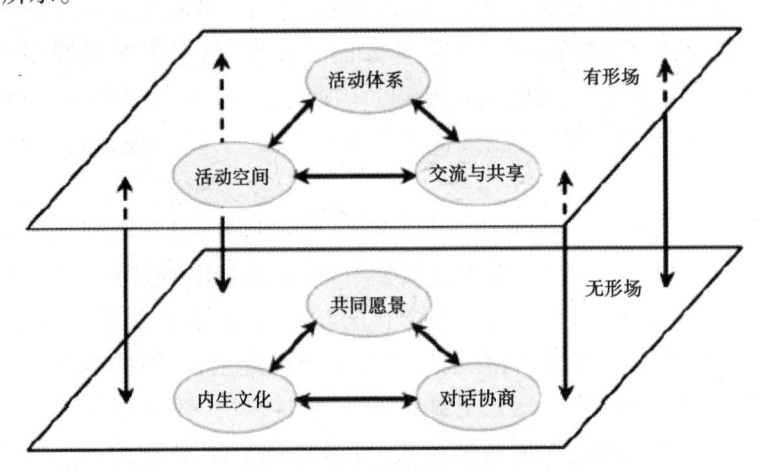

图5-3　课程教学视域下的学习共同体概念模型

（资料来源：卢强，2013）

其中的"无形场"具体是学习共同体宏观层面的建构依据和指导，是对共同体愿景的创生，是生成无形文化和使对话协商关系持续的内容。"有形场"是学习共同体实践的流程、方式与机制，具体涉及活动空间、活动体系以及交流与共享这几大方面的内容。

通过对上述学习共同体的概念进行分析，不难看出，这一概念在长时间的发展中还与学习班集体、合作学习小组等概念存在着一些交叉，对这些相关的概念进行阐释分析利于厘清学习共同体的边界，并对学习共同体的实质有更好的把握。

二、学习共同体与教师专业发展

构建教师学习共同体之所以是可行的,主要是因为教师构建学习共同体具有很多有利条件,具体如下。

(1)随着我国教育改革的进一步深化,各级教师在教材的选择使用、教学方法的运用、学生考核等方面的主动权不断增强。这是教师专业发展的必备条件。

(2)学校的每门学科都有自己的专业组织,便于形成科学高效的专业队伍,这是教师专业发展的一个重要因素。

(3)教师通常都接受过高等教育,其科研能力也达到了一定的水准。一定程度的科研能力为教师学习共同体中的"对话、分享、协商、反思"奠定了坚实的基础,有利于反思型教师、研究型教师的培养。

三、教师学习共同体建构的步骤

(一)导生共同构建支持性关系

这种支持性关系能带来积极的、有建设性的实习体验。有研究认为支持性关系的构建策略可以尝试由如下指导行为实现:持续地提供帮助并参与、在放手和引导中找到平衡、营造支持性的氛围、提供支持性资源、经常给出有针对性的正面反馈、把学生当作合作伙伴一样尊重、导师对学生个人感兴趣。

导师就是教师的支架,发挥着脚手架和心理咨询师的功能。导师可根据每名教师的个性特征,因材施教,全过程、全方位地指导教师的思想、学习与生活,其中心理辅导和情感支持是当前导师制研究所提倡的,冷漠的导生关系会抵消高超的指导技巧。导师应激发实习教师实习的内部动机,导生双方具有共同发展愿景且发展目标明确,这是激励导生双方的内在机制。可见,要充分发挥中小学实践导师的多重指导作用,而非仅仅教学指导这一对一角色和作用。所以,建议在大学导师和中小学实践导师的培训、监督、沟通与考核评价中加入心理辅导的内容和指标。

　　导师制是建立在导师与学生的频繁接触和交流的基础上,如此才能形成密切的导生关系。导生双向沟通交流,是导师制的基本工作方法。一方面,通过沟通及时答疑解惑,有助于导师及时掌握教师的学习现状、生活状态及思想波动,把握教师的性格特点、能力特征及优缺点,协助教师树立阶段性目标,明确发展方向;另一方面,要启发式教学,让教师自己反思自己的教学实践。这就要求导师首先具备丰富的学科知识与扎实的教学技能,其次还要具备更重要的沟通技巧和话术。而沟通技巧和教学经验却偏偏是许多刚毕业的教育学和心理学博士短缺的,他们较年轻,还没有做好准备就匆匆开始做导师指导教师的教学实习,这无疑是一项巨大挑战。

　　良好的导生关系,是导师制实施的基础。随着导师制逐步深入实施,导生关系也逐渐发生变化。导师制是为了支持教师的专业成长和发展,不仅仅是为了完成任务,所以要调动起导师们的责任心,还要依赖职责分工机制的协同一起发挥效用。

　　导师制的成功需要沟通协作,不只是导生沟通,还有双导师之间、生生同伴之间的沟通互动。换言之,沟通是所有利益相关者之间通过互动,一起协同努力。所以利益相关者之间要注意开放、持续、定期、有意义的沟通。

　　1. 借助互相询问,彼此表达关心

　　沟通伊始,一般都是导师开头提几个问题,或是关于教师实习进展,或是生活现状,询问教师进展如何,并要求教师做简要回答陈述;随后,教师可以自由向导师提问,而导师或简单回答,或详细回答。须知这在传统的班级授课制中是难以实现的。之后导师或对论文或对实习进行详细地评论,教师可自由对论文或实习做出解释,在这样的彼此交流过程中,实现了导师对教师的指导,也建立起了教师与导师之间亲密信任的个人关系,而这往往会影响教师的一生。

　　除了嘘寒问暖之外,导生之间的沟通要具备专业性,讲究反思性对话,这种对话能帮助教师反思他们的教学实践过程。在导师制中,通过导生沟通可最大限度地使教师的能力得到充分提高和发展,培养教师的创新精神和实践能力,改变传统班级授课制压制教师创造性和个性的被动局面。总之,教师教育导师制可以简单看作是直接连接导生的纽带,而导生沟通则是形成良好师生关系和有效加深导生关系的关键。

2. 充分利用互联网和移动互联网技术加强沟通协作

当今信息时代,互联网技术日新月异,双导师之间、导生之间的沟通方式也要随之发生变化,日渐多样化。例如,教师通过电话、网络即时聊天工具等方式都可以与导师快速及时沟通。此外,双导师之间、导生之间建立了微信群、钉钉群、QQ群等社交媒体讨论群组,这种新型沟通方式方便导生随时随地进行专业教学沟通、收发班级通知消息、及时解答各种问题,避免了导师因工作繁忙而无法与学生进行面对面交流。因此,教师和导师都要积极探索、善用多种多样的互联网沟通方式。

互联网的出现对教学方式方法、教育规模等也产生了一定的影响。鉴于此,大学积极探索"互联网+"导师制,高度重视并积极推广"互联网+"远程指导。例如,强制要求导师和教师高频使用"校友邦"App或微信小程序,签到统计、实习日志、周志撰写和批阅等功能深受师生好评。

互联网对教师实习的积极影响俯拾皆是,因此需继续发扬。例如,线下实习期间,教师将每天在实习学校的收获,通过互联网线上交流方式与大家分享,遇到什么问题,可以使用即时通信软件咨询讨论,大大方便了师范生的实习信息沟通,提高了教师的参与热情,同时也能使教师利用碎片化时间对实习活动进行讨论。尤其是在疫情期间,线下实习无法正常开展,只好通过钉钉、腾讯会议等互联网会议平台进行线上模拟教学、线上授课并录像存档。线上实习方案详见附录。

但也需注意,互联网技术是一把双刃剑,有利有弊,弊端是加快了舆情传播速度,教师容易受到网络虚假宣传信息的误导,碎片化收发消息容易影响正常教学实习工作等。因此,在对互联网沟通方式的使用中应扬长避短、趋利避害。

3. 提高沟通质量,适当增加沟通频次及沟通时长

有效沟通的原则是重质量、轻数量。首先,目前双导师之间的沟通比较少,这一点急需改善,所以应增加双导师之间沟通频率。例如,双导师可利用钉钉、腾讯会议等互联网会议平台就教师的实习现状进行深入交流,加强沟通;其次,双导师之间的沟通交流应围绕实习教师的专业成长这种话题,提升话题的专业性,保证沟通质量;最后,导生之间的沟

通频率也要增加,教师要积极主动地与导师就实习过程中遇到的大小事情进行沟通,沟通方式可以多样化,如面对面交谈、打电话、互联网社交媒体软件沟通均可。

另外,导师与教师沟通的时间也应延长。本研究表明,大多数学生与导师沟通的时间有限,显然,在有限的时间内,对教师的指导较难全面深入。在有限的时间内,想要保证沟通质量,这需要导师认真倾听,准确发问,发自内心地关心教师的成长,在一问一答中敏锐发现潜在问题,为教师深入浅出地剖析原因,提供可操作性的建议,帮助教师解决问题。

4. 建立常态化定期化的例会组会制度

沟通协作需要载体和媒介。常态定期的例会组会,不管是面对面线下例会形式,还是虚拟的线上例会形式,都是很好的载体和媒介,能方便双导师之间、导生之间沟通的顺利实现。

例会管理首先要明确会议时间、地点和方式。比如,一周一次或两周一次,定于每周几的几点在某地召开会议,要求共同指导同一名或同一批教师的大学导师及中小学合作导师同时参会,并设专人主持。这种定期例会效果好的话能保障指导过程有效实施。因此,双导师若能定期参加工作例会沟通交流,在会上彼此分享对教师的观察和看法,共同制定教师实习方案,明确教师实习目标、内容、方法和进度,如此一来,教师的指导质量和指导效果都会得到明显提升。总之,定期化常态化的例会组会制度,不仅能提高教师实习期间的教学实践能力,还能督促导师的成长与发展,双导师制的所有利益相关者都会有所收获,有所提高。

5. 打造教师同伴之间的互助指导共同体

同伴指导是导师制的新趋势。同伴指导一般是由两个或两个以上的教师共同参与的一个互助活动,通过互相协作,分享彼此成功的经验,共同解决遇到的难题,最终目的是要促进彼此的进步。实施同伴导师制,有助于解决实习教师教学实践中的共同难题,帮助实习教师在小组合作中快速成长。

在实习中,同伴导师制具体实施起来,一般由小组长带头组织领导,开展同伴间的互听、互评、互助活动,积极帮助同伴解决实习中遇到的问题,并由组长代表小组定期向实习工作负责人或大学导师汇报进展。

除非实习工作负责人或大学导师觉得有必要参与加入,帮助解决较为棘手的难题,否则就倾向于让同伴小组独立解决问题。

同伴指导及同伴互助小组能否长期坚持受到多种因素影响,如合作氛围、合作时间、学习内容、任务难度等因素。为了让同伴互助小组能顺利开展并长久保持,实习工作负责人或大学导师要对实习生的同伴小组给予足够的重视和积极的支持。共同的合作时间也是同伴学习的保障,所以每个实习小组每周至少有一次合作时间,来积极讨论和总结一周内的实习成果。

除了上述狭义的人与人之间的沟通,还有广义的大学与中小学的沟通。借助积极探索并实行双导师制这一机会和载体,一方面教师受益,强化了实践技能;另一方面,学校单位也受益,学校教师培养资源与中小学教育资源相互融通、相互支持、共享资源、共同发展。

(二)观课与评课相结合指导教师教学技能提升

根据笔者经验,一般情况下,入校看望实习教师一个月去一次是可行可实现的。入校看望实习教师不只是关心其生活,还要确保对教师实施听课、观课、评课等专业活动,做好观课与评课相结合,观课与课后例会相结合,观察实习教师授课与课后反馈相结合是被证明有效的导师指导活动。当然,入校频次和时间还要依赖于中小学实习基地的地理位置是否偏远、交通条件是否便利等。

(三)双导师制与同伴导师制相结合

双导师不可能时时刻刻在教师身边,实习期间遇到的问题,也需请教同学朋辈。可见,双导师制的顺利实施也离不开教师的同伴力量。有研究也发现,由实习教师几个人组成的实习互助小组之类的学习共同体也发挥着重大作用。这些学生虽然性格脾气、社交与教学能力各不相同,但是在实习期间他们具有共同的目标。为完成实习目标,共同体成员步调一致,进度统一,共同努力,相互请教,彼此帮助,成员对共同体具有认同感和归属感,这有利于提高对实习活动的参与意识和参与程度。不只是实习相关的专业活动,其他很多与专业活动无关的生活事宜的组织也都会依托学习共同体,经过团体内沟通交流,一起分享集体智慧,有利于促进教师团队合作能力和创新精神的提升,每位共同体成员也都能获得发展和成长。

总之,学习共同体的创建是同伴导师制的具体表现,是实习教师主体性发挥的重要途径。在教学实习期间,导师应积极支持并信任这种同伴导师制,委派一名小组组长汇报小组工作,尽量不干涉共同体成员的具体活动事宜,从而激发实习教师参与的主体性,使共同体真正发挥同伴指导的作用,互相指导,密切配合,相互监督,互相点评,促进彼此的发展。随着实习的深入,逐步形成实习管理的主体自觉,减少导师在实习管理中的负担和工作量。实习进入尾声时,在对实习教师的评价中,不仅发挥双导师的评价作用,也可发挥各共同体成员的主体性,实现实习教师同伴之间的互评。同伴之间接触较多,对彼此的了解也更全面到位,评价也会更加真实有效。

第四节 在研究中发展:加强行动研究

一、教师科研工作的特点

我国高等教育的三大职能是教育、科研和为社会服务。其中,科研职能的发挥,直接影响着培养人才和为社会服务的质量。因此,学校往往很重视教师的科研工作,因为其在很大程度上衡量着学校的办学条件与学术地位。

随着教师队伍的壮大,学校的科研任务较多地落到了教师的肩上。就目前看来,教师的科研工作有以下几个特点。

(一)工作业绩成果具有明显的滞后性

科研成果属于知识性产品,其周期长、转化慢,因此,教师在科研方面所取得的业绩成果的价值往往不能立刻显现,而是需要较长的一段时间,带有明显的滞后性。

例如,很多科研成果转化需要专利申请、出让和市场化等多个环节,无形中变造成了业绩成果的滞后；有一些业绩成果是长期积累的工作业绩,也不能立即转化；还有一些科研成果是教师的个人兴趣或者个人需求,因此,即使有了重大的科研成果或者进展,也有可能放置于实验室、科研报告或者学术论文中。

（二）科研投入和产出关系的复杂性

教师科研投入和产出有着极为复杂的关系,这主要表现为以下两点。第一,科研活动的类型不同,科研工作的规律也不同,整个科研活动和过程也有较大差别,这就使得人力资本的投入和产出没有统一的模式。第二,不同的研究项目有不同的周期,有的为几个月,有的为一年,还有的为三年或更长的时间。这就必然造成科研投入与产出的时滞,从而增加了考核的难度。例如,近年来,由于学校排名风潮的盛行,搞科研的教师便因此急功近利,把发表论文数量和级别作为一项重要指标,这造成了大量的科研投入和产出严重失衡。

（三）科研业绩创造性的价值具有不可比拟性

在学校中,有些教师会花很长一段时间去潜心研究一个课题,这样他们虽然出的成果数量很少,三年甚至更长周期出一项成果,但是一旦出了一项成果,就是原创性的、高水平的、受到大家一致好评的成果。然而,有些教师一年内能研究很多课题、发表很多文章,这样虽然成果的数量很可观,但大多是应用类的,甚至有些研究成果是已有成果的翻版、拷贝。从上述情况来看,教师的科研业绩创造性的价值是不具有可比拟性的,如果仅从量化的角度考评,是难以比较的,也是不公平的。

二、展开教育行动研究

（一）教育行动研究的实施

所谓教育行动研究,就是教育工作者,或与研究者结合,在具体教育教学情境中,以解决教育教学实际问题为目的的一种教育科学研究类型。教育行动研究强调教师的主体地位和教育教学实践的理性化,强调教师与教育理论工作的结合。教师专业自主发展最重要的一条途径在于"使教师成为研究者",开展教育行动研究,无疑能够大大提高教师的理论述评和实践能力,提高教师的科研能力。在开展相关的教育行动研究中,应该注意以下几个方面。

1. 健全行动研究的外部机制

建立良好的学校管理制度和评价制度等外部机制,能够有效调动教师进行教育行动研究的积极性和主动性。为此,学校要认同、尊重和理解教师的专业地位和主体地位,给予学校青年教师一定的自主权,使学校青年教师真正成为学校的主人。另外,还应该为教师提供埋想的职业环境,发挥教师自身的专业潜能和创新能力。学校激励教师开展教育行动研究,要重视为教师提供制度保障。

2. 提供相关的研究资源

学校青年教师通过进行教育行动研究进行学习、促进自身专业发展过程中,必然会受到一系列主客观因素的限制。此时,需要加强科学管理,发挥自身在人力、物力、财力、时间、空间和信息等方面的作用,以不断培养高素质的研究型教师队伍。学校要为学校青年教师创造实现其知识更新的有效途径和有利平台,使教师能够在一个宽松、民主的研究氛围中,围绕着日常教育教学问题进行教育行动研究,不断实现自身专业的发展。

(二)教育行动研究的具体步骤

一个典型的教育行动研究,包括:计划—行动—观察—反思四个环节。随着对研究的不断反思和深入,很可能还需要两轮或三轮循环的行动研究,即深化为:计划—行动—观察—反思—再计划—再行动—再观察—再反思。如图5-4所示。

第五章 教师专业发展的实践：反思与合作

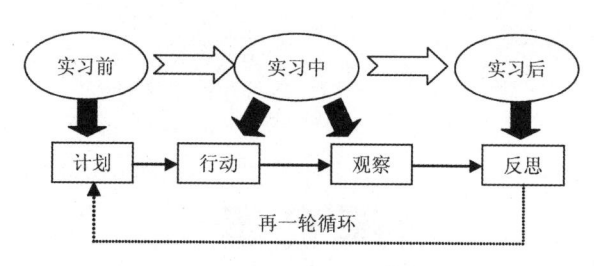

```
实习前 ⇒ 实习中 ⇒ 实习后
  ↓        ↓        ↓
计划 → 行动 → 观察 → 反思
  ↑                    |
  └──────再一轮循环─────┘
```

图 5-4　行动研究路线图

1. 计划阶段

厘清本行动研究的总体设想和行动目标，分析教师教育者对教师实习实践成效的影响。预期通过本次行动研究，教师在实习教学效果上有明显改善。

2. 行动阶段

对教师教育者的落实和检验。一方面作为行动者，将本行动研究计划付诸实施；另一方面，作为研究者，监控行动研究进展，搜集数据资料，实时观察行动过程。此外，因本研究持续时间跨度较长，此处的"行动"，还可以理解为"行动干预"，既包括导师个人层面的行动措施，又包括组织单位层面的行政和教务方面对双导师制的改革和推进。

3. 观察阶段

灵活使用问卷和访谈，深入师生群体，观察教师的课堂实践授课效果。搜集、整理、复印教师的实习日记、教学日记，以及教师教育者对教师的评价记录，教育行政部门与教师教育者的交流和会议记录。

4. 反思阶段

归纳整理上述各种材料，对每一名参与教师教育活动的人员进行描述与评估，从而对本次行动研究的过程和结果进行评价和判断。分析成效高低的原因，反思教训和不足，设计进一步提升路径。

第六章

教师专业发展的促进机制：教师评价

> 教师评价是教育评价领域的一项重要组成部分，其与学生评价、学校评价、课程评价一样，与学校的办学质量、教师的专业发展有着密切的关系。百年大计，教育为本；教育大计，教师为本。很多院校深知教师评价的重要性，为开展教师评价绞尽脑汁。因此，本章就对教师评价的相关内容进行分析。

第六章 教师专业发展的促进机制：教师评价

第一节 教师评价与教师专业发展

一、教师专业发展评价的概念

所谓教师专业发展评价，即在现代教育发展观视角下，通过改进评价手段，实现教师的专业化发展。在评价中，要做到彼此尊重，制订的专业发展目标要具有可行性。教师专业发展评价非常注重评价的过程，并且采取的评价手段也要求多元化。同时，教师专业发展评价还注重个体目标的实现，这样才能让广大教师获得恰当的评价结果。

一般来说，教师的评价主要包括教师自评和教师互评两种形式。这两种评价形式如果利用得当都能取得不错的评价效果。在教学中，并没有一个统一的评价标准，也不存在一个万能的评价标准，要具体问题具体分析。例如，评价教师的备课情况时，要看其是否研究了教学内容和学生的具体情况，是否认真研究了教学目标、教学内容和教学方法，是否制定了合理的教学方案。而在评价教学组织情况时，就要看是否采用了适宜的教学手段与方法，如果教学手段和方法不当则难以取得理想的教学效果。

二、教师专业发展评价的功能

（一）导向与激励功能

教师专业发展评价的开展与实施，是需要一定的依据的，而这一依据就来源于教师个体发展具体化目标的达成程度。一般来说，如果顺利达成，那么评价效果就比较高，也正是因为如此，才赋予了教师专业发展评价一定的激励功能。

（二）鉴别和诊断功能

对于教师来说，专业发展评价具有考察、诊断和鉴别的重要功能。当前，国家对学校教育教学质量的关注程度非常高，就是希望广大的教师要切实抓好教学的各个环节，有效提升教师自身水平、能力，并且在此基础上大大提高教学效果。在这样的情形下，是必须要有一个科学、合理的标准来进行衡量的。

（三）反馈和指导功能

通过教师专业发展评价所得出的结果，能够反映出教师的教学效果，然后以此为依据，来对教师的教学活动进一步开展起到积极的指导作用。从心理学的角度上来说，要想实现理想的既定目标，就必须通过反馈信息来对自身的行为加以调节和调整。

（四）榜样与竞争功能

教师专业发展评价能够起到有效调动教师积极性的重要作用，这一点是毋庸置疑的。于教师而言，适时地、客观地评价教师的教学工作，有助于优秀教师的评选，这就形成了一个良性循环的榜样机制，对于教师的加速成长是有帮助的。

第二节　教师发展性评价的实施程序

一、确定教师评价标准

在对教师专业发展进行评价时，首先需要制定标准。这一标准的建立应该尊重教师，可以通过问卷、座谈等形式，对教师的教学意见、工作情况加以征集，鼓励教师谈谈自己的看法，这样才能更好地制定教师评价标准。

二、制定评价指标体系

评价指标体系是教师评价标准的具体体现。一般来说,主要分为三大指标。所谓评价指标体系,反映的是教师的评价标准,是一切评价指标的集合。一般情况下,评价指标包括三级,具体如图6-1所示。

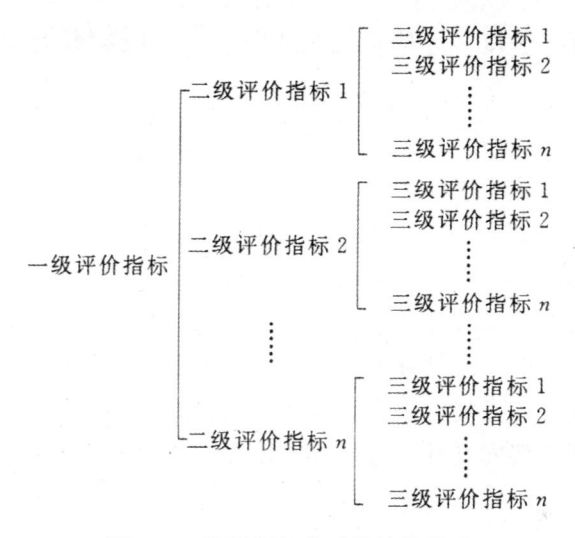

图6-1 评价指标体系的结构关系

(资料来源:王斌华,2005)

因此,在制定评价指标体系的时候,可以进行逐层分解,这样才能使评价指标体系更加精细。

三、确定打分标准

教师评价标准主要包含两种:一种是绝对评价标准,一种是相对评价标准。前者是要求评价者直接给出分数,通过采用五分制或者百分制对其进行打分;后者是要求评价者在不同等级中做出选择,一般来说等级有五种:很好、较好、一般、不好、非常不好。为了便于操作,可以赋予相应的分值。

四、制作评价表

评价表应包括评价对象(执教教师)的姓名、评价者姓名、科目、时间、评价指标、打分标准、权重系数等内容。

第三节 教师发展性评价的具体方式

一、实施发展性教师评价

依据一定的发展目标和价值观,主评与被评配对,制定双方认可的发展目标,由主评与被评共同承担实现发展目标的职责,运用面谈和发展性评价技术方法,对被评者的素质发展、工作职责和工作绩效进行价值判断,被评者在发展性教育评价活动中,不断认识自我、发展自我、完善自我,不断实现发展性目标。在实施发展性教师评价中,可以运用以下策略。

(一)转变评价的思想观念

发展性教师评价制度的形成,需要一定的社会文化基础,如现代化的教师评价观念、教师合作文化、民主氛围等。只有学校领导转变思想观念,认识到发展性教师评价的重要意义,调动教育力量、协调各方面的关系,才能真正实现发展性教师评价在教师专业发展中的重要作用。

(二)体现教师评价的学术标准

要实现这一要求,应该做到以下几点。第一,学校应该着力构建具有学术性的发展性教师评价制度。建立发展性评价制度,将发展性教师评价纳入制度建设的轨道;重视评价过程的民主化,强调学术自由,避免过多的约束。第二,建立科学有效的奖惩评价机制。发展性教师评价与奖惩性教师评价应该相互结合，更好地促进教师专业发展。第三，构建职责分明的三级评价体系。

（三）建立适应性教师评价指标体系

教育教学活动的复杂性和评价参与者的复杂性，决定了教师评价标准指标体系的多层次、多维度和灵活性。为此，在对教师进行发展性评价时，重视评价者与被评价者之间的对话，在协商的基础上达成一定的共识，重视评价指标的构建性意义，从而使评价的结果更具有客观性，使被评价者获得正确的反馈信息，实现自身的不断改进和完善。

（四）重视教师评价理论的培训

对教师进行评价是一项专业性非常强的工作，它对评价的观念、知识、技术有较高的要求。为此，高校应该将对教育教学评价相关理论的普及和能力的培养纳入教师培养方案中，建立针对不同评价主体的评价自治标准和要求。

（五）提供必要的评价物质基础

高校发展性教师评价的制度、组织机构、规章制度、人才队伍、评价标准等的制定和实施，需要投入一定的时间和人力、物力，并且工作具有长期性。为保证评价工作的顺利进行，需要在教育教学经费划拨中纳入这一内容。

二、对教师胜任力进行评价

通过进行胜任力评价，能够全面了解到教师的胜任力因素、胜任力现状和胜任力发展潜质。通过评价反馈，能够发现和指出需要弥补和加强的胜任力要素，发现当前青年教师胜任力状况和组织胜任力要求之间的差距，从而找出影响或抑制个人胜任力充分发挥的关键环节，加强相关培训活动的针对性。为此，进行胜任力评价，对于培养和发展青年教师的胜任力具有重要作用。

胜任力要素与个人绩效呈正相关。要获得良好的业绩,需要具备一定的胜任力要素。为此,我们可以通过胜任力要素来预测教师的业绩状况。

(一)胜任力评价的作用

第一,确定教师的胜任力状态。通过对青年教师胜任力要素进行评价,对其未来工作业绩进行预期,从而实现人员甄选,实现人力资源的优化配置。

第二,确定对教师的培育和发展目标。运用评价获得的反馈信息,对被评人实际胜任力水平与工作所需胜任力水平进行比较,从而发现其中的不足或问题,采取有效措施有针对性地对其进行培养和提高。

第三,以评价结果为依据,对教师的评选、晋升职称等作出合理处理。由于教师工作的劳动成果带有长期性、滞后性,在教师团队合作中,难以辨别个人业绩与团队业绩之间的区别,对刚参加工作的教师来说,直接以工作成果来对其业绩进行评判也有欠妥当。为此,基于可以通过评价知识工作者的胜任力,间接实现对其的绩效评估。

(二)常见的胜任力评价方法

第一,基于结果的评价。这种传统的评价方法能够比较客观、公正地对评价对象进行评估,运用这一评价方法的条件要满足:具有明显个体属性的工作;工作能够直接进行度量。

第二,纸笔测评法。这一评价方法能够判断青年教师的学识水平(知识水平和能力水平)的差异。但这一方法偏重于理论知识,并不能对被测者的工作态度、品德、管理能力和表达能力进行全面的有效评价,难以检验教师的教学实践能力。因此这类测验并不一定能够确定教学人员的能力水平。

第三,复杂的评价中心方法(情景模拟的方法)。让被评价者处于一个模拟的工作情境中,采用一定的技术和手段,评价被试者的心理和行为,包括无领导小组讨论、演讲、自由辩论赛等。

第四,行为评价法。这种方法适合工作难以在短时期内表现出来和具有隐性特征的工作。胜任力与行为、业绩存在着一定的内在关系。

通过胜任力评价可以实现行为评价,了解有关有效工作业绩的胜任力行为,并对比具体工作要求中的行为,得出各胜任力要素评价。在此基础上,根据胜任力要素之间的关系,对工作中表现出的整体胜任力进行判断。

现阶段,我国高校实行的是传统的基于结果的评价。通过对教师近些年的工作业绩和思想政治觉悟水平进行考核,进行评职称、评博导硕导、评学科带头人、评政府津贴及年度考核等。

这种评价方法存在着以下缺陷:一是高校教师的教学和科研工作具有较高的复杂性,工作成果和质量不易外显;二是比较容易造成教师为实现短期目标,而出现急功近利、只顾眼前利益的局面;三是青年教师处于某个科研或教学工作团队之中,难以将个人业绩和团体组织业绩区分开。

从整体上来讲,基于行为的胜任力评价,能够有效、全面地对教师的胜任力进行评价,能够进一步为胜任力培育机制建设提供正确导向。

(三)对不同评价源进行的分析

评价人对被评人的评价,是主体依据一定的参考标准对客体作出的主观判断。评价人收集的有关被评人信息情况、评价人自身的主观思维认知水平、信息加工能力,对评价结果有很大的影响。传统单纯的上级评价模式难以做出客观、公正、科学的评价。在此背景下,提出了360度绩效反馈的评价思路,由与被评价者工作有密切联系的人对被评价者进行评价,将他评与自评结果进行对比,使被评价者获得反馈信息,并做出相应改进和调整。

对同一个体进行胜任力评价,不同评价源之间评价结果的相关度很低,因此,分析教师评价源特征具有一定的必要性。

第一,上级评价。上级领导对员工的胜任力评价体现了其重要管理职能,上级可以据此对员工进行指导、控制和激励,以利于组织员工共同完成学校的教育任务。考评者上级的利益一般不直接同员工考评结果相连,因此评价较公正和客观。但是,上级出于某种目的或"晕轮效应"、宽厚性错误等,会对评价效度造成一定的影响。

第二,自我评价。在这种评价中,评价者更加了解自身工作能力、行为和业绩,因此可能做出较准确评价。评价人能够积极接受自我考评结果,从而可以根据评价结果制定合适的发展计划。根据归因理论、自我提升理论以及社会比较理论,这一评价方法存在着过高的"宽厚性错误",因此适用于发展非行政目的胜任力评价。

第三,同事评价。处于相同工作环境下的教师同事,能够较客观地将个人不可控因素剔除于个人业绩评价之外,从而做出客观的胜任力评价。但是这一评价方法会在不自觉中形成竞争机制,因此评价主体的参与积极性一般不高,教师之间人际关系的好坏对评价结果有较为显著的影响。

第四,学生评价。学生与教师接触比较密切,而且两者处在不对等的位置。所以学生可以对其与人格特性、教学工作相关的胜任力要素进行客观的评价。但是学生评价方法有效的信息和技巧,有时还存在讨好心理或报复心理,造成评价结果的失真。

三、以双导师制为代表的评价

(一)重要意义

以双导师制为代表的卓越教师培养模式需要一系列制度保障,其中最为重要的是考核评价制度。对双导师指导工作的考核评价是当前整个实习评价的难点、痛点和盲点。一方面,一些中小学导师作为双导师制参与方,只是配合项目的实施,基本上尚未受到评价或者很少参与评价;另一方面,负责大学导师评价的教务部门,也不可能时刻跟踪评价参与指导实习教师的每位导师。鉴于此,建立实习工作及双导师制指导工作的考评制度,完善学院自我评估,督促导师自觉进行双导师制质量监测与评价,提高自身素质、遵循教学规范、履行应尽职责,非常急迫,时不我待。

双导师制在教师实习培养环节的实践中遭遇到形式主义,其中一剂"良药"便是加强考核,避免流于形式。建立健全考核制度,完善考核制度,绝不是表面功夫,而是要变成常态化的内生动力。

(二)具体实施

传统上,在实习结束后,承担有教师教育任务的二级学院一般会召

第六章 教师专业发展的促进机制：教师评价

开一个实习总结会，对本届实习教师教育实习工作在会上做一个整体性的总结评价，让实习教师代表在会上汇报自己在实习中的苦辣酸甜，畅谈实习过程中的收获与不足、经验与教训等亲身体会。实习总结大会的传统做法对应着实习启动之前的动员大会，有头有尾，善始善终。但就实习考核评价制度创新而言，只有这一做法显然不够。

1. 厘清双导师制评价理念与目的

导师评价是一项复杂的系统工程。导师评价有效性的影响因素较多，其中，科学规范的导师评价首先要有端正的指导理念和明确的评价目的，否则，导师评价工作不仅不会有效，还有可能影响导师指导工作的积极性。因此，需要明确的是，导师制中的导师评价机制是以促进导师发展，进而推动实习教师专业成长，培养卓越教师为主要目的，并不是为了问责和选拔。

当前，欲将双导师制评价纳入教师绩效考核，首先要树立科学的绩效考核理念。大学应从宏观上牢固树立导师制评价的根本目的是促进导师发展，改变以选拔先进、职称晋升、奖励惩罚为目的的传统考核体系。考核导师的实习指导工作，不仅是为了区分导师指导工作的优劣，更重要的是为了分析问题找出原因，并在下一次实习教师实习安置中加以改进和完善。这种以促进导师发展的考核评价理念，既鼓励导师自己查找在指导能力上与大学实习要求的差距，又可以让导师认识到自己取得的成绩和存在的不足，大学也可以从中找出影响导师绩效提升的因素，并针对这些因素提供必要的帮助工作，从而促进导师成长和提高。

可见，双导师制评价应以促进导师及其所指导的教师专业发展与成长为动力源，以激励导师的工作积极性为指导思想，以客观评价导师指导行为的效果与质量为基本内容。这一评价理念遵循中共中央、国务院于2020年10月13日印发的《深化新时代教育评价改革总体方案》中的要求："改进师范院校评价，把办好师范教育作为第一职责，将培养合格教师作为主要考核指标"。符合国际研究趋势，与美国教育心理学家布卢姆的评价理念不谋而合，他认为："评价的作用是提供适合的证据，以帮助学生按照目标要求的方式变化。"同理，双导师制评价的主要作用应是帮助导师及其所带的实习教师，按照人才培养方案中的教育实践教学目标的要求而成长变化。

总之，导师评价机制的优劣决定着双导师制的实施质量，是双导师制优化与发展的动力,值得未来进一步探究。

2. 双导师制评价应纳入所有利益相关者作评价主体

为保证双导师制评价的有效性,应尽可能扩大导师制评价的主体,建立广泛的群众基础,让导师充分参与制定考核评价体系,厘清教师、两位导师对双导师制本身的看法和评价,形成共同的考核评价理念和取向。使用多主体评价,既要调研教师与两位导师之间的相互评价,也要调研两位导师之间的相互评价。最终评价主体从大学转向中小学,中小学作为实习用人单位和毕业就业出口,其反馈评价在教师实习评价中起重要作用。

3. 采用综合的评价方法

为激发双导师的工作热情,调动他们指导教师的积极性、主动性和创造性,提高指导质量,大学应坚持全面性、科学性、可行性、动态性等评价原则,采取过程性评价与终结性评价相结合、他人评价与自我评价相结合、定量评价与定性评价相结合、相对评价与绝对评价相结合等多元评价方式相结合的综合评价方法,全面反映导师教学与实习指导的基本情况,建立科学有效、客观的评价体系。

值得一提的是,综合评价方法应加大中小学合作导师的评价权和话语权。此外,该综合评价体系还应将师德伦理指标纳入双导师制进行评价,强调在实习期间双导师制对专业精神和师德伦理的培养,以凸显卓越教师培养计划 2.0 中对涵养师德的要求。

4. 建立健全双导师制评价的指标体系与标准体系

评价指标和指标体系是对被评价对象全部或部分特征的真实反映,是评价的标准和尺度。严格实行教育实习工作和导师指导行为评价与改进制度,最重要的应是健全教育实习与导师指导行为的评价指标和标准体系,尤其是对评价权重比较高的教育实践能力和教学反思能力的指导进行科学有效的评价。先前有研究也发现,有些导师认为正是因为没有合理健全的导师指导工作评价体系,才使导师指导工作的可操作性不强,存在随意性、散漫性等问题。

所以,构建一套科学的双导师制评价指标体系与标准体系,在双导师制落实中起着核心抓手的作用,更是对导师指导工作进行考核评价的重点和难点。为了以评促建、以评促改、以评促强，评价指标设计应尽可能多角度、全方位考察教师教育双导师制，尽可能做到全面反映教师的实习现状，尽可能达到指标合理清晰、权重恰当、信效度较高、可操作性较强等要求，宜细不宜粗，从而确保评价结果的有效性。

根据上述双导师制评价理念和教师教育领域导师指导行为的特点，建议采取以下措施。

（1）制订导师考核计划

对本学期导师的指导时间、指导次数、指导方式、指导内容等，根据导师的个人情况与相关教务管理部门认真协商，在达成最终共识后，导师应对自己的指导工作目标做出计划和完成计划的承诺。

（2）严格督促并检查导师贯彻执行考核计划情况

导师应按考核计划实施指导工作，在双导师制实施过程中，大学教务管理部门或实体的双导师制工作小组要对导师指导工作进行监督和推进。应按照建立好的评价指标体系，针对导师指导行为及遇到的问题、实施的进度等进行逐条评价，紧跟考核计划，严格督促、检查导师是否贯彻执行了该计划；定期检查导师指导工作推进情况，包括指导次数与听课记录等定量与定性情况描述，可以根据导师制实施的进展情况，对考核计划进行适当调整。如此一来，一方面可发现在双导师制实施过程中出现的问题；另一方面也可督促个别偏离评价指标规定标准的导师要纠偏纠错，根据评价指标与标准，认真履行职责完成自己的任务。

（3）依据制订的考核计划，多元评价导师指导工作完成情况

"屁股决定脑袋"，为避免不同的评价主体因立场不同而影响评价结果的公正客观，应坚持如上所述的综合评价方法，提倡定量评价与定性评价相结合、自我评价与他人评价相结合、实习教师评价、双导师评价以及导师制工作小组评价等多元评价主体相结合。

5.导师指导相关的数据采集与监测应科学全面

根据构建好的双导师制评价指标，编制考核评价工具，使用该工具对双导师进行采集数据、分析数据、撰写评价报告。

导师评价数据主要考核指导学生教学实习情况，可通过问卷调查，了解双导师与实习教师正式建立师生关系后的沟通次数、沟通方式、指导内容、指导作用、指导质量、实习教师教学实践能力现状及实习满意

度等定量数据;导师听课记录、教案批改记录、指导聊天记录等材料定性数据。这些定量与定性数据,方便大学教务部门通过导师听评课记录进行考核评价与定期督导检查。并将考核成绩作为评奖、提职和晋升职称的重要依据,对完成任务的教师给予奖励,对没有完成任务的教师要给予批评教育。年度考核评优时,指导实习教师可以作为职称评审的加分项,同等条件下优先考虑实习教师优秀导师。

6. 对实习教师的评价宜采用个性化、多样化的评价方式

对实习教师采取个性化、多样化的评价方式指的是从多个角度、多种手段对实习教师进行评价,不能仅限于对教师见习、实习与研习手册成绩的评价。还可以对实习教师的出勤率、违纪率、导师指导活动参与率、教学比赛奖等进行量化考核,对上课教案、课件、课堂实录视频、上课照片等进行质化考核。

进一步而言,应以实习基地和实习教师的同伴评价为主。重视同伴评价,还可以实习互助小组共同体为单位进行考核,每个共同体中给予一定的时间准备,规定时间截止后,随机抽取其中一人作为代表,该代表所得成绩也是其他共同体成员所得成绩,这种共同体评价一定程度上能促进共同体成员的互帮互助。

除此以外,实习结束后,大学导师还可以自行组织实习教师开展实习座谈会,通过个人当面陈述实习报告等形式进行面试考核。面试时,导师可以从实际教学情境出发,提炼出具体问题让实习教师进行解答。还可以要求实习教师陈述自己在实习过程中大学导师、中小学合作导师的指导情况,对"双导师制"的工作开展,让实习教师畅所欲言,总结"双导师制"在落实过程中值得借鉴的地方以及存在的问题。同时在评价过程中不能只重视对回答结果的评价,还要分层次注重对实习教师回答表现的过程性评价。

7. 考核评价结束后,要注意进一步持续改进完善

严格按照师范类专业认证的要求,在评价后注意持续改进,严抓工作完善关。一个好的管理制度总是在实践中不断总结、不断完善的。实习结束后,要在认真总结经验教训的基础上,及时修改和完善实习期双导师制等各项实习管理制度,根据实习教师的具体实习情况修订本科生培养方案,制订出切实可行的实习计划,进一步探讨出具有实际可操作

性的指导标准和实施细则,使实习教师的实习工作得到真正的指导和帮助,从而进一步使"双导师制"得到有效落实和改善。

第四节 信息化背景下教师评价的创新手段——电子档案袋

一、教师电子档案袋的概念

教师电子档案袋综合评价法是以网络为载体,依托计算机技术与网络平台,通过使用多媒体技术展示教师的个人专业发展状况,并通过教师在制作电子档案袋过程中对自己的教科研实践与专业发展进行反思与分析,实现教师主动参与、自我反思、自主发展的综合评价方法。

二、教师电子档案袋的实施模块

以网络为载体的电子档案袋综合评价法能够记录高校英语教师学习共同体的发展轨迹,是教师进行反思的重要方法和途径,能够推进教师进行自我激励,不断促进专业能力和专业意识的提升,同时为教师共同体的构建提供一个更为开放的平台。通过设置内容模块、制订电子档案袋的操作流程与创建教师学习共同体电子档案袋评价的网络平台,实施教师电子档案袋综合评价。教师学习共同体电子档案袋评价平台主要包括表 6-2 中的内容模块。

表 6-2 教师学习共同体电子档案袋综合评价网络平台的内容模块

内容模块	具体信息
个人基本信息	姓名、性别、年龄、民族、职称教育背景、工作经历、研究方向等
个人学习情况	学习计划与总结、学习资源、研修或培训经历、读书笔记等
教学文档材料	教案、课件、教学日志、教学视频、教学计划与总结、学生作业与成果、学生试卷与评价材料等
教科研业绩	在教科研上所获得的奖励、荣誉、成果等

续表

内容模块	具体信息
教科研材料	教科研项目申报与结项材料,教研成果(著作论文、研究报告等)、相关研究文献资料等
各种评价信息	教师自我评价信息、学生网上评价信息、同行评价信息、专家评价信息等
个人反思	基于网络日志对课堂教学与教科研活动的认识与反思
总体反思与评价	对制作电子档案袋与教师专业发展整个过程的反思与评价

(资料来源:李玉升,2015)

参考文献

[1][美]麦金太尔,A.德性之后[M].龚群等译.北京：中国社会科学出版社,1995.

[2][美]Guskey Thomas R.教师专业发展评价[M].方乐,张英译.北京：中国轻工业出版社,2005.

[3][美国]西华德.压力管理策略：健康和幸福之道[M].北京：中国轻工业出版社,2008.

[4]《中小学教师培训教程》编委会编.中小学教师培训教程[M].北京：中国档案出版社,2006.

[5]蔡基刚.中国大学英语教学路在何方[M].上海：上海交通大学出版社,2012.

[6]曹子建,李志平.我国高校教师的权利义务[M].成都：四川大学出版社,2012.

[7]陈时见.教师教育课程论：历史透视与国际比较[M].北京：人民教育出版社,2010.

[8]陈霞.教师专业发展的实效性研究[M].北京：北京大学出版社,2012.

[9]陈瑶,王艳玲,李玲.教学反思途径与方法[M].北京：龙门书局,2012.

[10]陈永明.现代教师论[M].上海：上海教育出版社,1999.

[11]陈永明等.教师教育学[M].北京：北京大学出版社,2012.

[12]代蕊华.教师专业发展与校本培训[M].北京：教育科学出版社,2011.

[13]代蕊华.课堂设计与教学策略[M].北京：北京师范大学出版社,2005.

[14] 董彦.现代课堂与教师教育技术能力发展研究[M].合肥：中国科学技术大学出版社,2017.

[15] 樊富琅.团体心理咨询[M].北京：高等教育出版社,2005.

[16] 樊文芳.教育信息化环境下的教师专业发展与培训[M].北京：科学出版社,2015.

[17] 方展画.高等教育学[M].北京：北京师范大学出版社,1996.

[18] 冯契.人的自由和真善美[M].华东师范大学出版社,1996.

[19] 冯契.智慧的探索[M].华东师范大学出版社,1994.

[20] 傅道春.教师的成长与发展[M].北京：教育科学出版社,2001.

[21] 傅金兰,安洪涛.信息时代的教师专业成长与生命完善[M].济南：山东大学出版社,2009.

[22] 盖颖颖.外语教师团队建构研究：基于专业学习共同体视角[M].北京：中国经济出版社,2016.

[23] 郭平,熊艳.教师专业发展概论[M].成都：西南交通大学出版社,2017.

[24] 韩立福.教师教育观念深度转型：由认识走向行动[M].长春：吉林大学出版社,2012.

[25] 韩美荣,常华锋.教师教学基本技能训练指导[M].北京：首都师范大学出版社,2017.

[26] 何克抗,林君芬,张文兰.教学系统设计[M].北京：高等教育出版社,2006.

[27] 何兰芝,韩宏莉.教师专业发展与成长规划[M].北京：北京师范大学出版社,2017.

[28] 何齐宗.教师教育与教师发展研究[M].北京：中国社会科学出版社,2014.

[29] 贺永旺等.提升教师教学实施能力[M].北京：教育科学出版社,2011.

[30] 洪明.教师教育的理论与实践[M].福州：福建教育出版社,2002.

[31] 胡惠闵,王建军.教师专业发展[M].上海：华东师范大学出版社,2014.

[32] 黄洁芳.课程改革情境下高校英语教师认知发展研究[M].北京：新华出版社,2017.

[33] 黄蓉生．教师职业道德新论[M].北京：人民教育出版社,2014.

[34] 石学云,高丽．教师职业发展与心理健康[M].西安：陕西人民教育出版社,2009.

[35] 贾晓波,李慧生,封毓中等．心理健康教育与教师心理素质[M].北京：中国和平出版社,2007.

[36] 教育部教师工作司．教师教育课程标准（试行）解读[M].北京：北京师范大学出版社,2013.

[37] 教育部师范教育司．教师专业发展理论与实践[M].北京：人民教育出版社,2003.

[38] 金陵．翻转课堂与微课程教学法[M].北京：北京师范大学出版社,2015.

[39] 靳希斌．教师教育模式研究[M].北京：北京师范大学出版社,2009.

[40] 匡亚明．孔子评传[M].南京：南京大学出版社,1990.

[41] 黎茂昌,潘景丽．新课程小学英语教学理论与实践[M].成都：四川大学出版社,2011.

[42] 李广建,化柏林．大数据时代：新思维与新管理[M].北京：中国人事出版社,2016.

[43] 李莉．倾听拔节的声音[M].北京：中国社会科学出版社,2019.

[44] 李龙．教学设计[M].北京：高等教育出版社,2010.

[45] 李梦卿．"双师型"职教师资培养制度研究[M].武汉：华中科技大学出版社,2012.

[46] 李明善．教师专业发展论纲[M].长春：吉林大学出版社,2011.

[47] 李同胜,王统永．课堂教学技能训练教程[M].济南：山东人民出版社,2012.

[48] 李向前,王国洪．高校青年教师思想政治工作读本[M].北京：研究出版社,2013.

[49] 李小卫．专业化视野中的创新型教师[M].长春：吉林科学技术出版社,2006.

[50] 李晓波,陆道坤．思想演变与体制转型：中国教师教育回眸与展望[M].镇江：江苏大学出版社,2012.

[51] 李学农,张清雅．教师教育世纪转型与发展[M].南京：南京师范大学出版社,2014.

[52] 李哲民.中小学学业质量保障体系研究:精细化管理体系构建与研究型教师团队培育[M].上海:学林出版社,2015.

[53] 李志河.我国高校教学科研人员绩效考评研究[M].北京:科学出版社,2012.

[54] 梁成艾.职业学校"双师型"教师专业化发展论[M].成都:西南交通大学出版社,2014.

[55] 林立杰.高校教师胜任力研究与应用[M].北京:中国物资出版社,2010.

[56] 林樟杰.教师教育体制机制问题研究[M].北京:中国人民大学出版社,2009.

[57] 刘诚芳.现代高校教师人力资源管理[M].北京:民族出版社,2007.

[58] 刘汉成.地方本科院校转型发展的实践探索[M].北京:中国经济出版社,2015.

[59] 刘捷.专业化:挑战21世纪的教师[M].北京:教育科学出版社,2002.

[60] 刘鹂.教师教育者教学能力研究[M].西安:陕西师范大学出版总社有限公司,2016.

[61] 刘明.高职院校教师能力建设与管理[M].合肥:中国科学技术大学出版社,2012.

[62] 刘亭亭.教师职业道德[M].北京:北京大学出版社,2017.

[63] 刘维俭,王传金.教师职前教育实践概论[M].南京:南京师范大学出版社,2006.

[64] 刘文华.课堂教学技能训练[M].北京:经济科学出版社,2017.

[65] 刘晓明.高校教师工作压力管理[M].北京:中国轻工业出版社,2010.

[66] 刘兴富,刘芳.教师专业化发展的理论与实践[M].北京:光明日报出版社,2009.

[67] 刘彦文.教育基本问题专论[M].北京:中国轻工业出版社,2012.

[68] 刘彦文.高等职业教育原理与教学研究[M].北京:中国轻工业出版社,2009.

[69] 刘义兵.教师专业发展[M].北京:高等教育出版社,2017.

[70] 龙宝新. 当代教师教育变革的文化路径 [M]. 北京：北京师范大学出版社，2012.

[71] 路丙辉. 教师职业道德修养 [M]. 芜湖：安徽师范大学出版社，2015.

[72] 罗双平. 从岗位胜任到绩效卓越——能力模型建立操作实务 [M]. 北京：机械工业出版社，2005.

[73] 马兰，张文杰. 教学设计 [M]. 北京：高等教育出版社，2012.

[74] 孟丽华，武书敬. 网络环境下大学英语教师专业素质发展研究 [M]. 北京：外语教学与研究出版社，2015.

[75] 缪蓉. 教师教育技术能力——标准、培养及评估 [M]. 北京：北京大学出版社，2012.

[76] 倪鹏飞. 国家竞争力蓝皮书——中国国家竞争力报告 [M]. 北京：社会科学文献出版社，2010.

[77] 欧阳芬，诸葛彪. 高校教学技能十项修炼 [M]. 重庆：西南师范大学出版社，2010.

[78] 潘懋元. 高等教育：历史、现实与未来 [M]. 北京：人民教育出版社，2004.

[79] 钱焕琦. 高等学校教师职业道德概论 [M]. 南京：南京师范大学出版社，2006.

[80] 钱焕琦. 教师职业道德 [M]. 上海：华东师范大学出版社，2015.

[81] 钱建国. 大学生职业规划与就业指导 [M]. 北京：人民出版社，2007.

[82] 全国十二所重点师范大学联合编写. 教育学基础 [M]. 北京：教育科学出版社，2002.

[83] 邵清艳. 教师反思力修炼 [M]. 长春：东北师范大学出版社，2010.

[84] 申继亮. 教师人力资源开发与管理：教师发展之源 [M]. 北京：北京师范大学出版社，2006.

[85] 石建勋. 职业生涯规划与管理 [M]. 北京：清华大学出版社，2009.

[86] 石学云，高丽. 教师职业发展与心理健康 [M]. 西安：陕西人民教育出版社，2009.

[87] 宋萑. 教师专业共同体研究 [M]. 北京：北京师范大学出版社，2015.

[88] 宋太庆.二十一世纪白皮书——知识革命论[M].贵阳:贵州民族出版社,1996.

[89] 孙菊如,周新雅.学校教育科研[M].北京:北京大学出版社,2007.

[90] 谭炳煜.怎样撰写科学论文[M].沈阳:辽宁人民出版社,1982.

[91] 檀传宝.教师伦理学专题——教育伦理范畴研究[M].北京:北京师范大学出版社,2010.

[92] 檀传宝.教师职业道德[M].北京:北京师范大学出版社,2015.

[93] 坦尼森、肖特、西尔等著,任友群等译.教学设计的国际观:理论·研究·模型[M].北京:教育科学出版社,2005.

[94] 唐炎,宋会君.体育教师教育论.重庆[M]:西南师范大学出版社,2006.

[95] 陶行知.教育文选[M].北京:教育科学出版社,1981.

[96] 汪明春,杨会燕.教师教育综合素质教育教程[M].武汉:华中科技大学出版社,2016.

[97] 王斌华.教师评价:绩效管理与专业发展[M].上海:上海教育出版社,2005.

[98] 王春光.反思型教师教育研究[M].长春:东北师范大学出版社,2010.

[99] 王国昌.教师职业道德[M].武汉:华中师范大学出版社,2014.

[100] 王陆,张敏霞.教学反思方法与技术[M].北京:北京师范大学出版社,2012.

[101] 王明伦.高等职业教育发展论[M].北京:教育科学出版社,2004.

[102] 王枬.教师印迹:课堂生活的叙事研究[M].北京:教育科学出版社,2008.

[103] 王守恒,姚运标.教师管理论[M].芜湖:安徽师范大学出版社,2010.

[104] 王书荃.学校心理健康教育概论[M].北京:华夏出版社,2005.

[105] 王天一,夏之莲,朱美玉.外国教育史(上册)[M].北京:北京师范大学出版社,1984.

[106] 王彦才,郭翠菊.现代教师教学技能[M].北京:北京师范大学

出版社,2010.

[107] 王勇明.高校教师激励研究[M].北京:中国农业出版社,2008.

[108] 王振洪.高职院校兼职教师有效管理的理论与实践[M].北京:高等教育出版社,2011.

[109] 卫建国,张海珠.教学技能导论[M].北京:北京师范大学出版社,2012.

[110] 卫荣凡.高校教师师德自律论[M].北京:中国社会科学出版社,2008.

[111] 魏会廷.教师学习共同体:促进教师专业发展的新途径[M].武汉:武汉大学出版社,2014.

[112] 魏建培.教师专业发展理论与实践[M].北京:科学出版社,2016.

[113] 吴炳岳.职业院校"双师型"教师专业标准及培养模式研究[M].北京:教育科学出版社,2014.

[114] 吴冬梅.大学教师人力资源管理[M].北京:首都经济贸易大学出版社,2014.

[115] 徐辉,季诚钧.大学教学概论[M].杭州:浙江大学出版社,2004.

[116] 徐权,王玉玲,成宝芝.地方本科院校转型发展瓶颈问题及对策的研究[M].哈尔滨:哈尔滨工程大学出版社,2017.

[117] 徐廷福.教师职业道德修养[M].北京:北京师范大学出版社,2015.

[118] 徐文峰.教师专业发展实践导论[M].北京:人民日报出版社,2014.

[119] 杨文,宋吉美.一个农村家庭式幼儿园园长办园经历的叙事研究[M].上海:华东师范大学出版社,2014.

[120] 杨跃.教师教育学[M].北京:北京师范大学出版社,2016.

[121] 杨芷英.教师职业道德(新编版)[M].北京:高等教育出版社,2007.

[122] 叶少玲,火寿平.学校心理健康教育[M].昆明:云南大学出版社,2006.

[123] 于胜刚.教师专业发展导论[M].北京：北京大学出版社，2015.

[124] 于淑云,黄友安.教师职业道德、心理健康和专业发展[M].北京：首都师范大学出版社，2007.

[125] 于永昌,刘宇,王冠乔.大数据时代的教育[M].北京：北京师范大学出版社，2015.

[126] 余文森,连榕.教师职业发展[M].福州：福建教育出版社，2007.

[127] 袁运平.新世纪教师专业化发展[M].北京：中国档案出版社，2006.

[128] 代蕊华.教师专业发展与校本培训[M].北京：教育科学出版社，2011.

[129] 余文森,连榕.教师专业发展[M].福州：福建教育出版社，2007.

[130] 袁锐锷.教师专业化与高素质教师：经验、理论与改革实践[M].广州：广东高等教育出版社，2007.

[131] 曾煜.中国教师教育史[M].北京：商务印书馆，2016.

[132] 詹丽芹,曹少卿.小学英语课程与教学论[M].北京：北京大学出版社，2012.

[133] 张斌.技术知识论[M].北京：中国人民大学出版社，1994.

[134] 张楚廷.高校教师教育教学技能[M].长沙：湖南人民出版社，2010.

[135] 张楚廷.教学论纲[M].北京：高等教育出版社，2008

[136] 张福涛等.翻转课堂理论研究与实践探索[M].济南：山东友谊出版社，2014.

[137] 张豪锋.教育信息化与教师专业发展[M].北京：科学出版社，2008.

[138] 张荆,赵卫华.高校教师收入分配与激励机制改革研究[M].北京：社会科学文献出版社，2014.

[139] 张宁.高校教师专业发展论[M].长春：吉林大学出版社，2012.

[140] 张培林,丁新瑞,高金声.科学研究的方法[M].北京：科学出版社，2002.

[141] 张鑫. 英语教学的理论与实践 [M]. 北京：知识产权出版社，2012.

[142] 张志泉. 反思型教师专业发展 [M]. 南京：南京大学出版社，2016.

[143] 张祖忻. 教学设计——基本原理与方法 [M]. 上海：上海外语教育出版社，1992.

[144] 赵昌木. 教师专业发展 [M]. 济南：山东人民出版社，2011.

[145] 赵多山. 教师专业素养的修炼 [M]. 北京：光明日报出版社，2015.

[146] 赵明仁. 教学反思与教师专业发展 [M]. 北京：北京师范大学出版社，2009.

[147] 赵祥麟. 外国教育家评传 [M]. 上海：上海教育出版社，1992.

[148] 周光明，李远蓉，黄梅. 教师教育课程体系建构 [M]. 北京：科学出版社，2014.

[149] 周洪宇. 教师教育论 [M]. 北京：北京师范大学出版社，2010.

[150] 朱天利，单永志，邱九凤. 新课程背景下教师教育课程改革的理论与应用 [M]. 广州：广东高等教育出版社，2010.

[151] 朱旭东，李琼. 教师教育标准体系研究 [M]. 北京：北京师范大学出版社，2011.

[152] 朱旭东，张华军等. 教师专业精神研究 [M]. 北京：北京师范大学出版社，2017.

[153] 朱旭东. 教师专业发展理论研究 [M]. 北京：北京师范大学出版社，2011.

[154] 朱旭东. 中国现代教师教育体系构建研究 [M]. 北京：北京师范大学出版社，2014.

[155] 祝智庭，钟志贤. 现代教育技术——促进多元智能发展 [M]. 上海：华东师范大学出版社，2003.

[156] 左彦鹏. 高职院校"双师型"教师专业素质研究 [M]. 广州：暨南大学出版社，2017.

[157] 黄文敏. 高校教师学术行为影响因素研究 [D]. 南昌：江西师范大学，2011.

[158] 刘敏. 中小学心理教师身份认同研究 [D]. 扬州：扬州大学，2018.

[159] 王娜.四川省中小学心理健康教师专业发展现状研究[D].四川：四川师范大学,2015.

[160] 赵健.学习共同体——关于学习的社会文化分析[D].上海：华东师范大学 2005.

[161] 赵志敏.河南省农村中小学心理健康教育教师专业发展研究[D].郑州：郑州大学,2018.

[162] 蔡静,李晋荣.基于课堂录像的教学反思——透视教学录像在教师培训中的应用[J].广东外语外贸大学学报,2006（4）.

[163] 查明华.专业认证背景下普通高等学校师范类专业的重建[J].文山学院学报,2018,31（6）.

[164] 车爱玲.中小学心理健康教育师资队伍现状与思考[J].晋中学院学报,2019,36（1）.

[165] 陈捷,颜良举.终身教育思想与高等教育自学考试制度[J].徐州工程学院学报,2010（4）.

[166] 陈静.学习共同体的社会动因分析及知识建构策略[J].科技创新导报,2015（3）.

[167] 陈庆华,黄孝玉.中小学心理教师专业发展环境的审视与重建[J].兰州教育学院学报,2018,34（1）.

[168] 陈庆华,姚本先,等.众筹学习：中小学心理教师专业成长的一种路径选择[J].合肥师范学院学报,2017,35（2）.

[169] 陈晓芳.中小学心理健康教育教师的入职适应[J].中小学心理健康教育,2018（12）.

[170] 陈彦宏.从教师专业发展探析心理健康教育教师的职业幸福感[J].太原城市职业技术学院学报,2017（1）.

[171] 陈志英.自主—合作学习：师范生教学技能培养模式实践探索——以"心理健康教育教学法"课程为例[J].教育与教学研究,2017,31（10）.

[172] 邓林园,梁洁姗,李蓓蕾,等.中小学心理健康教育现状：心理教师与学校管理者的不同视角[J].教师教育研究,2018,178（4）.

[173] 范诗武.新世纪教师专业能力与教育行动研究[J].外国教育研究,2003（5）.

[174] 冯玉梅.教师专业发展视域下学前师范生职业生涯发展规划研究[J].科教导刊,2019（15）.

[175] 付可心. 新时代高校思政教师职业幸福感的影响因素分析[J]. 现代商贸工业, 2020（14）.

[176] 傅绿茵. 初中心理活动课的有效评价[J]. 江苏教育, 2017(96).

[177] 高权衡. 企业如何培养技能型的员工提高员工的忠诚度[J]. 中小企业管理与科技（上旬刊）, 2012（10）.

[178] 葛薇薇. 新时代教育背景下小学教师的素质培养[J]. 当代教育实践与教学研究, 2019（6）.

[179] 郭钿钿. 突显特色, 拒当"四不像"教师——论心理健康教育教师的专业化[J]. 中小学心理健康教育, 2019, 394（11）.

[180] 韩大林, 刘文霞. 教师教育智慧的含义与基本要素[J]. 内蒙古师范大学学报（教育科学版）, 2007（4）.

[181] 郝林晓, 折延东. 教师专业能力结构及其成长模式探析[J]. 教育理论与实践, 2004（7）.

[182] 何美娟. 中小学心理健康教育存在的问题及对策[J]. 西部素质教育, 2018, 4（21）.

[183] 何农. 论高职院校兼职教师队伍的建设途径[J]. 山西财经大学学报, 2009（2）.

[184] 何妍. 社会心理服务: 学校心理健康教育的立场与方法——访教育部中小学心理健康教育专家指导委员会秘书长俞国良教授[J]. 中小学心理健康教育, 2018（18）.

[185] 洪颢. 教学服务型大学的服务职能与学生服务能力的培养[J]. 教育理论与实践, 2017（6）.

[186] 侯艳芳. 我国高校教师入职教育的实证研究[J]. 河南科技学院学报, 2010（8）.

[187] 胡春梅, 何华敏. 中小学心理健康教育教师"二维一体"培养策略探微[J]. 中小学心理健康教育, 2018, 369（22）.

[188] 胡惠闵, 王建军. 教师专业发展[M]. 上海: 华东师范大学出版社, 2014.

[189] 胡亚天. 教师教育的特性与政策选择[J]. 课程·教材·教法, 2003（5）.

[190] 华晓宇. 基于新媒体应用的教师移动学习模式探究[J]. 中小学教师培训, 2017（9）.

[191] 黄德群. 基于高校网络教学平台的混合学习模式应用研究[J].

远程教育杂志,2013（3）.

[192] 黄静,杨琳.论中小学心理健康教师的专业化发展[J].戏剧之家,2018,278（14）.

[193] 黄仁辉.联动教研：让心理教师专业发展驶入快车道[J].中小学心理健康教育,2017（36）.

[194] 黄喜珊,郑希付,于洪,等.中小学心理健康教育的师资建设现状及展望[J].中小学心理健康教育,2018（9）.

[195] 黄志伟.教师素养、行为、人格对学生心理健康影响的研究[J].福建基础教育研究,2010（11）.

[196] 江东峰,申邦秀.农村中学心理健康教育模式的初步研究[J].校园心理,2018,16（3）.

[197] 江全.促进教师专业发展的教师技能能力探讨[J].贵州教育学院学报,2008（12）.

[198] 江全.教师教育专业化发展的新趋向探讨[J].哈尔滨学院学报,2013（11）.

[199] 江全.教师专业发展的内在动力探讨[J].大庆师范学院学报,2010（1）.

[200] 靖国平.论教育的知识性格和智慧性格[J].教育理论与实践,2003（10）.

[201] 康晓伟,教师教育者：内涵、身份认同及其角色研究[J].教师教育研究,2012（1）.

[202] 康钊,万龙.心理健康教育教师专业发展的困境与出路[J].教师教育研究,2017,29（3）.

[203] 康钊,曾华.农村中小学心理辅导教师专业发展问题及对策[J].教育观察(下半月),2018,7（2）.

[204] 孔令豪.中小学心理健康教育政策执行的失真现象及其对策[J].中国农村教育,2019,298（12）.

[205] 李慧玲.教师教育模式建构的原则[J].西北成人教育学报,2005（3）.

[206] 李梅.高校青年教师教学技能培养途径和方法探讨[J].成都师范学院学报,2016（9）.

[207] 李学农.论教师教育则[J].当代教师教育,2008（1）.

[208] 李玉祥,刘扬,孙钦明.高校青年教师面临的压力及缓解方法

探讨[J].教育现代化,2019(43).

[209] 李玥茗.中学生心理健康教育对学习效果的作用研究[J].赤子(上中旬),2016(23).

[210] 李兆良,冀惠玲.论高校教师的压力及压力管理[J].医学与社会,2007(10).

[211] 李志河,王云,梁永平.我国高校教学科研人员绩效考评体系现状及体系建构探讨[J].山西师范大学学报,2008(3).

[212] 李志军.核心素养视域的健全人格培育[J].中学政治教学参考,2018,708(30).

[213] 连秀云.教师专业化建设——一个影响教育改革与发展的时代课题——中国教育学会第15次学术讨论会综述[J].中国教育学刊,2003(2).

[214] 林崇德,申继亮.教师素质的构成及其培养途径[J].中国教育学刊,1996(6).

[215] 林惠,薛路芳,卓德婷,等.中小学心理健康教育工作体系的建设及探索[J].中小学心理健康教育,2018,375(28).

[216] 林杰.美国高职院校教师发展运动的历程、理论与组织[J].比较教育研究,2006(12).

[217] 刘阿涛.青年教师需要不一样的培训[J].教学与管理,2018(29).

[218] 刘复兴.我国教师教育的转型与政策导向[J].高等师范教育研究.2002(4).

[219] 刘克利.充分发挥工会组织在大学建设中的作用.中国教工,2010(6).

[220] 刘丽群.乡村教师如何"下得去"和"留得住":美国经验与中国启示[J].教师教育研究,2019,31(1).

[221] 卢辉炬,严仲连.美、日、中高职院校教师发展之比较[J].社会学家,2008(6).

[222] 吕霞梅.中小学心理健康教育存在的问题及其策略研究[J].学周刊,2019,(20).

[223] 吕香妹.论高校组织特性及对教师评价的影响[J].黑龙江教育,2008(1).

[224] 马境,王纬虹.对中小学心理健康教育课的思考[J].中小学心

理健康教育,2018,354（7）.

[225] 马学戈．现代远程教育是教师培训的有效途径[J].中小学教师培训,2003（4）.

[226] 孟攀,胡克祖．国内新手型教师与专家型教师比较研究综述[J].萍乡高等专科学校学报,2012,29（2）.

[227] 明秀兰．心理游戏助力政治课教学[J].中学政治教学参考,2018,709（31）.

[228] 牟军,郑延菊,朱声明．学校心理健康教育教师专业发展途径初探[J].中小学心理健康教育,2019,384（01）.

[229] 穆可辉．专业本质实效——观摩安徽省心理健康教育优质课评选的几点思考[J].中小学心理健康教育,2015（18）.

[230] 裴娜．浅议中小学心理健康教育教师的专业发展——以吉林省为例[J].吉林省教育学院学报,2016,32（8）.

[231] 裴娜．中小学心理健康教育典型问题研究[J].教学与管理,2018（1）.

[232] 齐春燕．诚信及诚信教育的概念初探[J].内蒙古农业大学学报(社会科学版),2008（1）.

[233] 任峰．中小学心理健康教育存在的问题及其策略[J].西部素质教育,2018,4（14）.

[234] 石长林．我国教师工资政策的反思及其建构[J].教学与管理,2008（2）.

[235] 石宏武．高职院校"双师型"教师队伍建设存在的问题及对策探究[J].兰州教育学院学报.2017（4）.

[236] 史宁中,柳海民．我国教师教育发展模式的选择[J].中国高等教育,2004（11）.

[237] 史琦琪．生涯发展视域下的高校学生个性化就业指导分析[J].智库时代,2019（40）.

[238] 孙芳晓．论新教师教学设计能力的提升[J].教育广角,2014（16）.

[239] 谭谊,谭立新．高职院校兼职教师队伍的建设[J].教书育人(高教论坛),2007（5）.

[240] 唐冬生,罗敏杰．对高职院校兼职教师队伍建设的思考[J].教育与职业,2009（11）.

[241] 田爱丽.论教师道德教育的评价[J].华东师范大学学报(教育科学版),2008(4).

[242] 王钢.教育研究视角下的叙事探究方法评析[J].语言政策与语言教育,2019(1).

[243] 王恒,王成龙,靳伟.特岗教师从教动机类型研究——基于全国特岗教师抽样调查数据的潜类别分析[J].教师教育研究,2019,31(1).

[244] 王立峰.高校教师权利与义务的法治新解读[J].行政与法,2006(4).

[245] 王文静.校本的发展性教师评价[J].中国教育学刊,2006(7).

[246] 王艳.心理健康教育活动课之"起—承—转—合"——有感于全国心理赛课一等奖课例《我和绰号面对面》[J].教育科学论坛,2016(17).

[247] 闻万春,刘桂秋.教师专业发展评价体系研究[J].淮北职业技术学院学报,2012(1).

[248] 吴冬梅.大学教师职业生涯设计的特点与方法[J].首都经济贸易大学学报,2006(6).

[249] 吴一安.走出英语教学的误区[J].外语教学与研究,2002(6).

[250] 夏江东.中小学心理健康教育课实施的现状、问题与发展趋势[J].中小学心理健康教育,2018,372(25).

[251] 向祖强,张积家.心理健康教育教师的有效工作技能:基于生态文化的考察[J].教育研究,2018,39(7).

[252] 肖琴.浅谈"学习型组织"理论在教师培训中的应用[J].宁波大学学报,2006(2).

[253] 肖瑶,陈时见.教师教育一体化的内涵与实现路径[J].教育研究,2013(8).

[254] 钟祖荣.教师教育一体化的反思与教育学院发展的选择[J].教师教育研究,2011(6).

[255] 谢安邦.自我发展和标准化管理:海外的FD的经验与启示[J].中国大学研究,2003(3).

[256] 邢月航,毕雪萍.教师专业发展的重要途径—教学反思[J].山西高等学校社会科学学报,2009(1).

[257] 徐芳.研发团队胜任力模型的构建及其对团队绩效的影响[J].管理现代化,2003(2).

[258] 徐君.新时期教师教育模式的转型与高师院校的改革对策[J].教育探索,2005(1).

[259] 徐蒙蒙.大学师范生职业生涯规划教育必要性研究[J].大众文艺,2019(16).

[260] 许文静.读书评论反思:幼儿教师专业成长的有效路径[J].中国校外教育,2017(33).

[261] 许文琴.构建有激励性的薪酬体系[J].求实,2004(1).

[262] 许秀芬.中小学心理健康教育存在的问题与对策[J].中学政治教学参考,2013(27).

[263] 杨红.小学心理健康教育活动课的"五重"与"五轻"——浅谈心理健康教育活动课的操作性原则[J].中小学心理健康教育,2017,312(1).

[264] 杨秋艳.论高校管理中的有效激励[J].东北财经大学学报,2004(1).

[265] 杨叔子.创新源于实践(续)[J].实验室研究与探索,2004(8).

[266] 杨维嘉.论"教学学术共同体"的构建[J].江苏高教,2015(5).

[267] 杨秀梅.费斯勒与格拉特霍恩的教师发展影响因素论述评[J].外国教育研究,2002(5).

[268] 姚坤,施聪莺,邓铸.江苏省中小学校心理健康教育现状调查研究[J].吉林省教育学院学报,2018,34(2).

[269] 姚黎.道德与法治课生命教育路径探索——以"生命可以永恒吗"为例[J].中学政治教学参考,2018,707(29).

[270] 叶秉良,戴文战,杨蔚琪.基于"三点一线"模式建设实验教学示范中心的创新思路[J].实验室研究与探索,2007(9).

[271] 游海清.录像法在教学反思中的作用研究[J].传播力研究,2017(8).

[272] 于秀丽.浅谈职业生涯规划对高校毕业生就业过程的影响[J].现代营销(信息版),2019(11).

[273] 余莲.教师教育一体化的现状、问题与对策[J].教师教育论坛,2013(9).

[274] 余欣欣,姚璎珊,韦佳纪.论积极心理学视野下校园文化建设在农村中小学心理健康教育中的作用[J].广西师范大学学报(哲学社会科学版),2019,55(2).

[275] 郁梅. 打通企业员工职业发展通道 [J]. 投资北京, 2018（7）.

[276] 袁刚. 利用课堂录像促进教师反思 [J]. 云南教育（中学教师）, 2014（12）.

[277] 岳爱峰. 中小学心理教师队伍现状的调查与思考 [J]. 校园心理, 2018, 16（4）.

[278] 曾理华. 反观录像反思自我促进教师专业成长 [J]. 语文天地, 2011（1）.

[279] 张传燧. 课堂比课程更重要 [J]. 湖南师范大学教育科学学报, 2013（2）.

[280] 张贵新, 饶从满. 关于教师教育一体化的认识与思考 [J]. 课程·教材·教法, 2002（4）.

[281] 张环. 基于自我导向学习理论的中小学心理教师专业发展研究 [J]. 中小学心理健康教育, 2018, 354（7）.

[282] 张可, 杨萌. "互联网+"背景下高校心理健康教育教师的专业发展 [J]. 中国成人教育, 2018（2）.

[283] 章建丽. 英国剑桥大学促进教师发展的做法及其启示 [J]. 高等教育研究, 2008（9）.

[284] 赵双. 中小学心理健康教育教师专业化发展存在的问题及对策 [J]. 西部素质教育, 2019, 5（8）.

[285] 周春君. 浅谈中小学教师应该具备的"心"素养 [J]. 中小学心理健康教育, 2018（11）.

[286] 周乐泓. 中小学心理健康教育教师专业发展的个案研究 [J]. 南方论刊, 2019, 332（5）.

[287] 朱敏, 高湘萍. 教师专业发展的自我心理结构模型研究 [J]. 教师教育研究, 2017, 29（1）.

[288] 朱旭东. 论教师的全专业属性 [J]. 教育发展研究, 2017（37）.

[289] 邹小波, 赵杰文. 英国高校教师培训与个人和学校的协调发展 [J]. 大学教育管理, 2010（1）.